PETER KREINBERG

Grundausbildung für Western- und Freizeitpferde

KOSMOS

Inhaltsverzeichnis

Weiterführende Arbeit ▶117

Serviceteil ▶132

▶ Die Mensch-Pferd-Beziehung verbessern

Was veranlasst mich, zu der Vielzahl von Lehrvideos und Büchern zum Thema Ausbildung für Western- und Freizeitpferde ein weiteres Projekt hinzuzufügen? Ist die Vielfalt an Ratgebern nicht groß und vor allem auch verwirrend genug? Gerade diese Unsicherheit und Verwirrung ist es, die mir in den letzten Jahren immer deutlicher auffiel, sei es als Leserreaktion bei meiner redaktionellen Tätigkeit oder ganz praktisch an der Basis in den Kursen und Seminaren.

«Welche Methode ist die richtige, mit welcher Technik komme ich schneller zum Ziel? Welche Reitweise ist die beste? Warum praktiziert Ausbilder A das Gegenteil von Ausbilder B?» Diese und ähnliche Fragen vermitteln mir das Gefühl, als habe die Informationsflut und die große Zahl der Experten und Ratgeber in der Welt des Freizeitreitens nicht wirklich dazu beigetragen, dem interessierten Pferdeliebhaber und Laien zu mehr Selbständigkeit zu verhelfen. Selbstsicherheit und Entscheidungsfähigkeit sind Grundvoraussetzung für die erfolgreiche Arbeit mit Pferden. Sie kann der Pferdeliebhaber zunächst nur durch Vertiefung des Hintergrundwissens erreichen. Standardwerke, welche die grundlegenden Zusammenhänge des Pferdeverhaltens und der Anatomie verständlich und übersichtlich erläutern, leisten ihm dabei die besten Dienste.

Als Anleitung für den Alltag sind diese Standardwerke oft aber nicht geeignet, sind sie dafür doch viel zu komplex und setzen in Bezug auf

▶ *Mit solchem Hintergrundwissen fällt es ihm dann sehr viel leichter, sinnvolle und sinnlose Methoden und Techniken unterscheiden zu lernen und den Einstieg in die Praxis effektiv zu gestalten.*

die praktische Anwendung der Theorien viel Erfahrung voraus. Mit meinem Buch- und Videoprojekt möchte ich einen etwas vereinfachten, praktikablen Weg für den Alltag des Freizeitreiters aufzeigen.

Mit Buch und Video möchte ich Sie zum Nachdenken anregen, Ihnen Zusammenhänge aufzeigen, die Sie in dieser Form bisher vielleicht noch nicht betrachtet haben. Vielleicht kann ich dazu beitragen, Missverständnisse im Umgang mit den Pferden zu vermindern und Ihre Arbeit mit ihnen um einige Aspekte erweitern und bereichern.

AUSBILDUNG JUNGER PFERDE ▶ Das diesem Buch und dem begleitenden Video zugrunde liegende System, mit jungen Pferden zu arbeiten, hat Tradition. In seiner in den folgenden Kapiteln dargelegten Form ist es aber auch das Produkt meiner bisherigen praktischen Erfahrungen. Die eigenen Erkenntnisse kamen im steten, lebenslangen, vielfältigen Kontakt mit Pferden unterschiedlichster Rassen zustande. Die praktische Arbeit mit ihnen, ob im Geschirr oder unter dem Reiter, erhielt den Realitätssinn. Der offene, freundschaftliche Kontakt mit vielen, großartigen Pferdekennern und Horsemen aus unterschiedlichsten Bereichen eröff-

Der Cutting-Trainer Ronnie Hodges mit einer jungen Stute beim Training am Rind.

nete mir neue Perspektiven und erweiterte den Horizont. Mit vielen tausend Pferden und Menschen habe ich inzwischen gearbeitet, vornehmlich sind es junge Pferde und Reiter mit Basisproblemen gewesen. Von ihnen lernte ich, mich auf die Suche zu machen nach einfach umzusetzenden, effektiven Methoden. Simpel und leicht verständlich sollten sie sein und dennoch nicht die fundamentalen Prinzipien korrekter Pferdeausbildung oder harmonischen Reitens verletzen.

Das System, das sich dabei herauskristallisiert hat, hat sich bewährt. Es baut ausschließlich auf Verhaltensmustern auf, die in der Natur des Pferdes liegen, und spricht seine natürliche Lernfähigkeit an. Dennoch ist dieses System kein Dogma.

DER WEG DER KLEINEN SCHRITTE ▶ Das Zusammenspiel von Pferd und Mensch unter stets wechselnden Rahmenbedingungen ist vielschichtig. Zwar ist die regelmäßige Wiederholung korrekter Übungsabläufe eine Notwendigkeit im Rahmen sinnvoller Arbeit mit dem Pferd, doch stumpfsinniger Drill oder das stoische Ableisten einer öden Routine ersticken jede Lebensfreude. Intuition, Kreativität und ein gewisses Maß an Spontaneität gehören für mich ebenso zum Umgang mit dem Pferd wie Sachkenntnis, Selbstdisziplin, Regelmäßigkeit, Geduld, Freundlichkeit und ruhige Konsequenz.

Wenden Sie Ratschläge aus diesem Buch individuell auf Ihre Rahmenbedingungen abgestimmt an, so werden Sie sicherlich nützliche

Erfahrungen und ganz praktische Fortschritte im Umgang mit Ihren Pferden erzielen. Die Umsetzung der in diesem Buch beschriebenen Trainingsarbeit erfordert Zeit, Geduld, Engagement, Selbstdisziplin und Regelmäßigkeit. Sollte es Ihnen noch an der umfassenden praktischen Erfahrung fehlen, so können Sie dennoch befriedigende Resultate erzielen, wenn Sie den «Weg der kleine Schritte» wählen.

Und selbst bei aller Erfahrung, die der Praktiker sammelt; ich benötigte 40 Jahre, um mein größtes Handikap in der Arbeit mit Pferden zu erkennen!

Der amerikanische Cuttingpferdetrainer Ronnie Hodges half mir dabei. Er sagte mir: «Peter, Du versuchst stets perfekt zu sein, keine Fehler zu machen. So behinderst und blockierst Du Dich nur selbst. Sei gelassener! Wer etwas erlernen will, der kann nicht perfekt sein. Lasse Fehler geschehen, erkenne sie, lache über sie, aber versuche, sie nacheinander zu minimieren. Es gibt stets eine neue Chance, ein nächstes Mal. Nobody is perfect!»

Ich dachte über diese Bemerkung nach, zog meine Schlüsse daraus und änderte meine Einstellung und mein Verhalten.

Ich bin dankbar dafür, dass jemand mir half, mein eigenes, gewohntes Verhalten kritisch zu überprüfen. Wir benötigen hin und wieder Denkanstöße, um unser Leben zu verändern, zu verbessern.

Mit dem in diesem Buch beschriebenen System werden Sie nicht in drei Monaten ein perfekt gehendes Pferd bekommen, das wie auf Knopfdruck funktioniert. Doch mit etwas Einfühlungsvermögen, Umsicht und gesundem Menschenverstand angewandt, kann es Ihre Mensch-Pferd-Beziehung bereichern und verbessern helfen, ebenso, wie das schon bei

Von Pferden kann beim Umgang mit ihnen ein Gefahrenpotential ausgehen. Nur eine solide Erziehung schafft Sicherheit.

vielen Kurs- und Seminarteilnehmern und Gästen auf Goting Cliff der Fall gewesen ist.

BEWUSSTER UMGANG MIT PFERDEN ▶

Ich erlebe in Kursen und Seminaren immer wieder Pferdebesitzer, die vollkommen unrealistische Vorstellung von der Arbeit mit Pferden haben. Kein Wunder, wenn es dann zu Enttäuschungen kommt. Leider bleibt es oft nicht bei einem enttäuschten Gesicht. Zu oft führt Enttäuschung zu Ungeduld und emotionalen Ausbrüchen, die wiederum in Grobheiten enden. Zum einen ist es dem Pferd gegenüber sicher nicht fair, das eigene Unvermögen so zu kompensieren, zum anderen reflektieren Pferde solches Verhalten oft mit Fluchtreaktionen oder, erst einmal in die Enge getrieben, auch mit Abwehrhandlungen und Aggressivität gegenüber dem Menschen. Zu solchem Verhalten durch menschliche Fehleinschätzung getrieben, geht von einem Pferd ein großes Gefahrenpotential aus. Dieses Gefahrenpotential wird nicht nur bei der Erziehung des Pferdes als Reitpferd, sondern im gesamten Haltungsbereich freigesetzt. Neueste statistische Auswertungen der Berufsgenossenschaften zeigen, dass weit mehr als die Hälfte aller gemeldeten Unfälle dem Bereich des allgemeinen Umgangs mit dem Pferd zugeordnet werden müssen, also keine typischen Reitunfälle sind.

Wenn man sich mit diesem Sachverhalt auseinandersetzt, so stellt sich zunächst die Frage: Wie kommt es zu diesen Fehleinschätzungen dem Pferd gegenüber?

Ist nicht gerade Deutschland ein Land mit langer Tradition in der Reiterei, in dem der Reitsport wie kaum irgendwo anders geregelt und reglementiert ist?

Schließlich gibt es mehr als 6000 Reitvereine mit entsprechend geschulten Ausbildern, eine Flut von Informationsquellen, ein breites Spektrum unterschiedlicher Reitweisen. Selbst die nicht im Vereinswesen eingebetteten Reitbetriebe werden inzwischen vermehrt von der Deutschen Reiterlichen Vereinigung (FN) be-

Mit gut geschulten Pferden ist der Umgang «kinderleicht».

Für viele Menschen ist das Reiten in der Natur zum festen Bestandteil ihrer Freizeitgestaltung geworden.

treut. Ich glaube, die Ursachen liegen in der Entwicklungsgeschichte der Pferdenutzung und des Reitsportes in Deutschland. Als Sport für breitere Schichten entwickelte sich das Reiten erst nach dem zweiten Weltkrieg. Vorher wurde Sport- oder Wettkampfreiten hauptsächlich von Militärreitern betrieben. Traditionell gab es vor dem Beginn des Breitensportreitens stets die Trennung zwischen den Bereichen, in denen Pferde als Gebrauchstiere vornehmlich in der Landwirtschaft und im Transportwesen eingesetzt waren, und dem Bereich der Reitpferdenutzung. Reitpferde gab es in dieser

Zeit vor allem beim Militär und in geringerer Zahl auf Gutsbetrieben und als Luxusobjekte wohlhabender Städter. Eine Verwendung auf breiter Basis als Gebrauchs- und Arbeitsreittier, wie etwa in Südspanien oder im Westen der USA zur Betreuung der Viehherden fand nicht statt. Vergleichbar war allenfalls die «Kampagnereiterei» oder Geländereiterei beim Militär bis zum Ende des 19. Jahrhunderts oder längstens bis zum 1. Weltkrieg.

Sowohl beim Militär als auch bei der privaten Reitpferdenutzung gehobener Gesellschaftsschichten war der Bereich der Hal-

Eine Gebrauchsreiterei wie z.B. die Rancharbeit mit Pferden hat in Nordeuropa keine Tradition. Sichere und gehorsame Pferde erleichtern die Arbeit mit den Rindern.

tung und Betreuung abgekoppelt von der Reiterei. Während zum Thema Reitkunst sehr viel Gedankengut ausgetauscht wurde und sich entsprechend in der Fachliteratur manifestierte, fristete der Haltungsbereich als Thema lange Zeit ein Schattendasein im Bereich der «klassischen Reiterei» hierzulande.

Diese Trennung zwischen «Reitkunst» und der Pferdehaltung und Nutzung in anderen Bereichen hat sich seit Xenophon in den Köpfen der Hippologen festgesetzt. Xenophon gilt schlichtweg als der Begründer der Hippologie, hat er doch die älteste bekannte Anweisung über die Reitkunst im griechischen Altertum hinterlassen.

Er merkt zu seinen Schriften «Reitkunst» und «Der Reiteroberst» an, alles Wissenswerte über Pferdehaltung, über das Reiten und über die Pflichten eines Reiteranführers dargelegt zu haben. Ausdrücklich weist er aber darauf hin, dass seine «Reitkunst» in dem einem Punkte unvollständig bleiben müsse, als vom eigentlichen Zureiten junger Pferde nicht die Rede sei. Das ist nach Xenophons Meinung Aufgabe eigens dazu ausgebildeter Zureiter und daher unwesentlich für die dem Ritterstand angehörenden jungen Athener, die ja von Hause aus wohlhabend genug waren, um sich bereits zugerittene Pferde leisten zu können. Darüber hinaus empfahl er, bei der Auswahl eines Pferdes auf gute Manieren und Willig-

> *Xenophon: »... ein ungehorsames Pferd ist aber nicht nur unnütz, sondern stiftet oft auch so viel Unheil wie ein Verräter.«*

tung breiter Gesellschaftsschichten. Mit dieser Entwicklung hat sich eine Problematik ergeben, deren Auswirkungen man überall, wo mit Reitpferden umgegangen wird, sehen kann. Es gibt nicht

keit zu achten und Pferde mit schlechter Erziehung oder Unarten zu meiden.

Aus den Worten Xenophons kann man ableiten:

Schon vor fast zweieinhalb Jahrtausenden gab es Pferdeausbilder, die sich auf die Erziehung junger Pferde verstanden und sie zu gut funktionierenden Reitpferden mit geringem Gefahrenpotential schulten.

Für die Weiterschulung zum Kriegs- und Paradepferd war eine gute Basisschulung Voraussetzung, denn die Versäumnisse der Grundausbildung konnten auch durch die «Reitkunst» nicht mehr oder nur schwerlich kompensiert werden.

AUSBILDERQUALITÄTEN ▶ Seit Xenophon hat sich bezüglich der Verwendung der Pferde als Reittiere vieles verändert. Bis in das letzte Jahrhundert war das Reiten fest mit den kriegerischen Aktivitäten überall auf der Welt verknüpft. Kontinente wurden unter anderem auf dem Rücken von Pferden erobert oder erschlossen. Hirtenkulturen hatten ihre Existenz dem Reitpferd zu verdanken. Erst in den letzten 50 Jahren entwickelte sich eine Form der Verwendung als Reitpferd, die es so in den Jahrhunderten zuvor nicht gegeben hatte: das Reiten als Freizeitgestal-

Seit Xenophon ist bekannt:

Wer sich darauf beschränkt, das Pferd nur in seiner Funktion als Reittier zu betrachten, sich nur mit Reittechnik und physischer Konditionierung befasst, dem bleibt das wahre Wesen der Pferde in weiten Bereichen verborgen. Wem das Wesen des Pferdes fremd bleibt, dem unterlaufen Fehleinschätzungen und Verständigungsfehler, die zu Missverständnissen und Enttäuschungen führen.

Aus Missverständnissen und Enttäuschungen entstehen Situationen mit hohem Gefahrenpotential für alle Beteiligten.

Ich persönlich komme zu folgender Erkenntnis:

Wer einen sicheren und harmonischen Umgang mit dem Pferd anstrebt, der muss sich zunächst mit seinem Wesen vertraut machen!

genügend gut erzogene und gut ausgebildete Pferde für die mit begrenzten Fähigkeiten ausgestatteten Freizeit- Hobby- und Sportreiter. Als Folge dieses Zustandes finden sich Reiter in der Rolle des Pferdeausbilders, die dafür eigentlich nicht über die notwendigen

Voraussetzungen verfügen. Wenn ich gefragt werde: «Wann kann man eigentlich reiten?» antworte ich mit folgendem Statement: Es gibt verschiedene Phasen in der Entwicklung eines Reiters: Zunächst muss er das passive Reiten erlernen. Er sollte auf einem Pferd, welches er nicht lenken oder bezüglich Tempo oder Haltung beeinflussen muss, unverkrampft und ausbalanciert in jeder Gangart sitzen können. Dabei soll er auch schon koordinierte Bewegungen mit Armen, Beinen und Rumpf ausführen, ohne die Balance zu verlieren. Als nächste Stufe sollte er das aktive Reiten auf einem geschulten und gehorsamen Pferd er-

lernen. Hier kann er die richtige Anwendung seiner Einwirkungen in Reflektion der Reaktionen des Pferdes üben und festigen. Erst jetzt hat er die Grundvoraussetzungen, für die nächste Ebene seiner reiterlichen Entwicklung, er kann sich der Ausbildung von Pferden zuwenden. In dieser Phase lernt er, das formende und prägende Ausbilden, um einem jungen und unverdorbenen Pferd das Verständnis für die reiterlichen Einwirkungen zu vermitteln. Durch sinnvolle Wiederholungsübungen wird er es mental und körperlich für die Aufgaben vorbereiten, die es entsprechend seines Einsatzbereiches als Reitpferd ausführen muss. Hat er

Viele Freizeitreiter bilden sich ihre Pferde selbst aus. Allerdings braucht es einige Erfahrung, um ein sicheres und gehorsames Freizeitpferd zu erziehen.

in dieser Phase seine Erfahrungen gesammelt und verfügt über eine gewisse Routine, so kann er sich der letzen und schwierigsten Phase zuwenden, der Korrektur von verdorbenen oder verrittenen Pferden. Hier muss er die Fähigkeit entwickeln, ein Pferd von alten unerwünschten Verhaltensmustern zu entwöhnen, um es mit dann mit den gewünschten zu konditionieren. Meiner Meinung nach finden sich mehrere hunderttausend Frei-zeit-, Hobby- und Sportreiter in der Situation wieder, sich mit ihren Pferden in dieser letzten und anspruchsvollsten Stufe der reiterlichen Entwicklung auseinandersetzen zu müssen. Jeder Ansatz, das Verständnis für die Pferde, ihr Wesen und ihre Belange zu verbessern, hilft diesen Reitern, Fortschritte hin zu einem harmonischen Umgang mit ihren Pferden zu erzielen.

Ob im Gelände oder auf dem Turnier: Jeder Reiter wünscht sich ein williges, ruhiges und an feinen Hilfen gehendes Pferd.

Das Wesen der Pferde

▶ **Die Herde**

Pferde sind Herdentiere. Ihr Sozialverhalten ist deshalb von Verhaltensmustern geprägt, die für das Herdenleben wichtig sind.

Wenn wir mit ihnen umgehen wollen, so müssen wir selbst die Gesetze, nach denen Pferde zusammenleben, verstehen und akzeptieren lernen. Wesentliche Grundlage des reibungslosen Zusammenlebens in der Herde ist die Hierarchie. Wer lernen möchte, dieses System zu verstehen, der muss sich die Zeit nehmen und Pferde im Herdenverband in ihrem Verhalten beobachten. Auf diese Weise kann man als Mensch am besten ein Gespür dafür bekommen, wie Pferde sich verständigen, ihre Konflikte austragen oder sich Zuwendung und Hilfestellung gewähren.

Gerade in letzter Zeit ist sehr viel in Büchern und Zeitschriften über dieses Thema veröffentlicht worden. Leider bleiben die meisten Veröffentlichungen nur an der Oberfläche dieses Themas. Da ist viel vom Leittier und seiner Auto-

Pferde sind Herdentiere. Ihr Sozialverhalten ist deshalb von Verhaltensmustern geprägt, die für das Herdenleben wichtig sind.

In der Herde haben Neugeborene, Saugfohlen, Halbwüchsige, Maidenstuten, Junghengste, Althengste und Mutterstuten einen unterschiedlichen Status. Während die kleinen Rempeleien von Saugfohlen bei Herdenmitgliedern auf bedingtes Verständnis stoßen, werden schon unangemessene Annäherungen von Halbwüchsigen unnachsichtig geahndet.

rität die Rede. Treibt es oder führt es? Muss es stets die Distanz zu anderen Herdenmitgliedern wahren? Solche und ähnliche Fragen dokumentieren die Unsicherheiten, die aus oberflächlicher Beschäftigung mit dem Thema resultieren. Auch dieses Kapitel kann nur begrenzt Einblick in das Herdenverhalten geben. Ich möchte dennoch versuchen, Ihren Blick für die vielschichtigen Zusammenhänge des Herdenlebens zu schär-

Ein geordnetes Sozialgefüge in einer Herde bietet jedem Herdenmitglied Sicherheit und Geborgenheit. Jedes Pferd sucht diesen Zustand instinktiv.

fen, um Ihnen bei Ihren zukünftigen Beobachtungen behilflich zu sein. In der Herde haben Neugeborene, Saugfohlen, Halbwüchsige, Maidenstuten und Junghengste, Althengste und Mutterstuten einen unterschiedlichen Status. Während z. B. die kleinen Rempeleien von Saugfohlen bei Herdenmitgliedern auf bedingtes Verständnis stoßen, werden schon unangemessene Annäherungen von Halbwüchsigen unnachsichtig geahndet. Junghengste können sich stundenlang in Scheinkämpfen mit unterschiedlicher Rollenverteilung beschäftigen und haben ihre Freude daran, selbst wenn sie dabei tiefe Hautabschürfungen und blutige Schmarren davontragen. Eine ranghohe Stute erwartet, dass ein drohender Blick oder eine entsprechende Geste ausreicht, um ihren Anspruch auf einen bestimmten Bereich geltend zu machen. Findet dieses Ansinnen nicht augenblicklich Beachtung, so ist mit einer knallharten Keil-Attacke zu rechnen, die alle Missverständnisse sofort klärt. Doch nicht nur die Rituale der Auseinandersetzung gibt es zu beobachten. Das soziale Miteinander hat eben so viele Facetten. Da sieht man zum Beispiel die gegenseitige Fellpflege, oder an heißen Tagen stehen Gruppen von Pferden Kopf an Schweif, um sich

Junghengste können sich stundenlang in Schein-kämpfen mit unterschiedlicher Rollenverteilung beschäftigen und haben ihre Freude daran, selbst wenn sie dabei tiefe Hautabschürfungen und blutige Schmarren davontragen.

Luft zuzufächeln und die Fliegen zu vertreiben.

Ein Umstand wird selbst dem nicht so geübten Beobachter sehr bald auffallen: Das ranghöchste Tier einer Gruppe hat das Recht, jederzeit beliebig jeden Platz im Aufenthaltsbereich der Herde einzunehmen. Mit diesem Recht ist aber auch die Pflicht verbunden, für die Herde wachsam zu sein, neues Territorium als erstes Tier zu betreten, Gefahren rechtzeitig zu erkennen und eventuell abzuwenden. Daraus erwächst für die rangniederen Tiere ein Gefühl der Geborgenheit und Sicherheit. Sie respektieren die Ansprüche des ranghöheren Tieres und profitieren von seiner Erfahrung und Sicherheit.

> *Eine klare Hierarchie und das daraus resultierende Gefühl der Geborgenheit sind wichtige Bedingungen, die jedes Pferd braucht, um sich wohl zu fühlen. Wir finden sie bei der Pferdeausbildung in den Begriffen Respekt und Vertrauen wieder.*

Das soziale Miteinander hat viele Facetten. Man kann gegenseitige Fellpflege beobachten, oder an heißen Tagen stehen Pferde in Gruppen zusammen, um sich Luft zuzufächeln und die Fliegen zu vertreiben.

▶ Die Rangordnung

Im Rahmen des allgemeinen Sozialverhaltens ist die Hierarchie oder die Rangordnung einer der wichtigsten Eckpfeiler. Und somit hat dieser Bereich bei der Erziehung und Ausbildung von Pferden einen hohen Stellenwert. Gleichzeitig ist es wohl auch der Bereich, in dem es zu den folgenschwersten Fehleinschätzungen durch Ausbilder oder Pferdebesitzer kommt.

Um die Regeln der Hierarchie besser verständlich zu machen, möchte ich einige Beispiele aus dem Herdenleben der Pferde anführen.

Nicht immer wächst ein Pferd vom Fohlenalter an in den Herdenverband hinein. Kommt zum Beispiel ein erwachsenes Pferd neu zu einer Gruppe dazu, so wird es sich zunächst mit Imponiergehabe auf die Gruppe zu bewegen. Mit den ersten Tieren, die es erreicht, stellt es Nasenkontakt her. Das Leittier wird sich daraufhin zu dem Neuakömmling begeben, um ihn zu empfangen. Während ausgiebig beschnuppert wird, stampft man mit den Vorderhufen auf, keilt auch mal nach

hinten aus und wiehert röhrend und selbstbewusst. Nach diesem Begrüßungsakt beginnt die ganze Gruppe im Galopp das Areal zu umrunden, auf dem sie sich aufhält. Danach wiederholt der Neuankömmling mit einzelnen Pferden das anfängliche Begrüßungsritual, bis er in der Gruppe seinen Platz gefunden hat.

> ▶ *Das Tier, das agiert und beständig die Initiative ergreift, wird dabei die ranghöhere Position gewinnen.*

Sobald sein Gegenüber Boden preisgibt und wiederholt ausweicht, ist die Rangfrage zwischen diesen beiden geklärt. Ab jetzt wird es ohne Wenn und Aber ausweichen, wenn das ranghöhere Tier sich mit territorialem Anspruch nähert. Eine ranghöhere Position gegenüber einem anderen einzunehmen, das heißt aber nicht automatisch, die Leitfunktion inne zu haben. Nur wenige Pferde haben eine Führungspersönlichkeit.

Das Leittier einer Gruppe ist auch für die allgemeine Ordnung

Kommt ein fremdes Pferd in eine Herde, so stellt es mit den ersten Tieren, die es erreicht, Nasenkontakt her. Das Leittier wird sich daraufhin zu dem Neuankömmling begeben, um ihn zu empfangen.

> *Das Leittier entscheidet für die Herde und hat somit auch das Recht, Rangniedere zu treiben und zu dirigieren.*

zuständig. Stiftet ein Querulant ständig Unruhe oder Unordnung, so wird das Leittier ihn nach einiger Zeit gebührend maßregeln, bis er sich wieder fügt. Ist ein Herdenmitglied von einem ranghöheren Pferd von seinem Standort vertrieben worden oder wurde es vom Leittier gemaßregelt, so reagiert es seine Frustration häufig dadurch ab, dass es das nächstniedere Tier in der Hierarchie seinerseits kurz attackiert.

> *Erziehung findet in der Herde immer statt, allerdings geschieht das stets aus gegebenem Anlass in dem Augenblick, in dem Regeln verletzt werden.*

Auf diese Weise lebt jedes Pferd in einem gewachsenen Herdenverband in einem relativ ruhigen Umfeld. Durch die konsequente Disziplinierung von Störenfrieden akzeptiert jedes Herdenmitglied die bestehende Ordnung und empfindet diese auch als Garantie für Geborgenheit und Sicherheit.

Die anfänglich beschriebenen Rituale einem Neuankömmling gegenüber dienen also dazu, diesem möglichst bald die bestehende Rangordnung klar zu machen. So findet er relativ schnell seinen Platz, und im Herdenverband kehrt wieder Ruhe ein. Die Herde gibt dem individuellen Pferd das Gefühl der Sicherheit gegen Gefahr von außen. In der Herde ist es vor Angriffen relativ sicher. Es kann darauf hoffen, dass die Wachsamkeit der verantwortlichen Herdenmitglieder es vor Überraschungsangriffen schützt. Ein Pferd hat deshalb instinktiv das Bedürfnis, den Schutz und die Geborgenheit der Herde nicht zu verlieren. Wird es abgetrennt, gerät es in Panik und versucht, so schnell wie möglich und mit allen Mitteln zurück zur Herde zu finden.

> *Ein Pferd wird unsicher oder gerät in Panik, wenn es sich von den Artgenossen getrennt fühlt und den Schutz der Herde verliert.*

In Gruppen junger Hengste geht es stets lebhaft zu. Die Halbwüchsigen animieren sich zu Kampfspielen, Verfolgungsjagden und Wettrennen.

Imponiergehabe und Rangeleien sind für einen Hengst normales Verhalten. Körperliche Auseinandersetzungen empfindet er als Spiel.

▶ Das Geschlechtsverhalten von Pferden

Ein weiterer, wichtiger Aspekt des sozialen Miteinanders ist das Geschlechtsverhalten der Pferde. Die Hormone spielen dabei eine wichtige Rolle. Naturgemäß äußert sich das Geschlechtsverhalten bei männlichen und weiblichen Tieren in recht unterschiedlichen Verhaltensmustern. So verändern viele Stuten ihr Verhalten während der Rosse recht deutlich. Sie quietschen bei Körperberührung durch andere und keilen mit den Hinterbeinen aus, solange sie nicht befruchtungsbereit sind. Dabei bewegen sie sich insgesamt etwas träge und behäbig.

Wenn es um territoriale Ansprüche oder Besitzansprüche an Stuten geht, so kämpft ein Hengst mit dem Ziel, den Gegner zu verjagen oder kampfunfähig zu machen. Hengste zeigen bei ihren Kämpfen ein extrem reduziertes Schmerzempfinden.

Bei Hengsten fallen zwei wesentliche, geschlechtsspezifische Verhaltensmuster auf. In frei lebenden Herdenverbänden leben sie als Jungpferde in kleinen «Junggesellengruppen». Leithengst und Leitstute halten solche «Junggesellen» auf Distanz. In diesen Gruppen geht es lebhaft zu, denn stets animieren sich die Halbwüchsigen zu Wettrennen, Verfolgungsjagden und Kampfspielen. Dabei geht es zwar sehr rau, aber niemals ernstlich aggressiv zu. In diesen Gruppen ist eine klare Rangordnung nicht so ausgeprägt, vielmehr leben diese Junghengste in einer lockeren Ordnung. Häufig kann man in solchen Gruppen spezielle Freundschaften zwischen zwei individuellen Pferden erkennen. Allerdings tut sich in diesen Junghengstverbänden oft ein «Rambo» hervor, der alle anderen deutlich dominiert und oft auch drangsaliert. Er übernimmt eine Art Leithengstfunktion, treibt einzelne Mitglieder der Gruppe und führt diese an. Mit zunehmendem Alter werden die zunächst spielerischen Auseinandersetzungen entschiedener ausgetragen. Auch versuchen starke Junghengste, älteren Hengsten eine Stute aus ihrem Harem abzujagen. Diese Kämpfe sind dann ernsterer Natur und entscheiden sich, wenn einer der beteiligten das Territorium fluchtartig verlässt.

Stuten gegenüber zeigen Hengste ein auffälliges Imponiergehabe, das legen sie aber auch vor Rangkämpfen an den Tag und zeigen es, wenn sich Außenseiter ihrem Territorium nähern.

▶ Überlebensstrategie Flucht

Pferde sind als Vegetarier Beutetiere für große Beutejäger. Die Natur hat den Pferden die Flucht als Überlebensstrategie gegeben, um die Art zu erhalten. Das Fluchtverhalten ist in Form von Reflexen fest im Instinkt der Pferde verankert. Das gilt auch für die Pferde, die nicht mehr in der Natur in Freiheit leben, sondern domestiziert seit vielen Generationen unter Haltungsbedingungen, die durch den Menschen bestimmt sind.

Das Fluchtverhalten von Pferden unterliegt bestimmten Gesetzmäßigkeiten, die sich deutlich vom Verhalten des Menschen bei Gefahr unterscheiden.

Beim geringsten Anzeichen, sei es ein Geräusch, eine Bewegung, ein Geruch oder nur die Veränderung eines Anblicks in gewohntem Territorium, wird der Fluchtreflex ausgelöst. Nur, wenn das Pferd eine Wahrnehmung sofort als aus Erfahrung absolut ungefährlich einstuft, bleibt es gelassen. Unter bestimmten Rahmenbedingungen steigert sich die Sensibilität gegenüber fremden Eindrücken. An windigen Tagen, in fremdem Terrain, in bewachsenem, unübersichtlichem Gelände, im Dunklen oder auf unsicherem Boden, um nur einige typische Situationen zu nennen, liegen die Nerven eines Pferdes sozusagen «blank». Rassespezifisch kann man ein unterschiedliches Fluchtverhalten feststellen. Hochblütige Pferde wie zum Beispiel Araber als ehemalige Wüsten- und Steppentiere haben ein anderes Fluchtverhalten als z. B. bodenständige, kaltblütige Nachfahren der nördlichen Wald- und Moorpferde.

Bei einer plötzlichen Sinneswahrnehmung, die ein Pferd nicht als ungefährlich einstufen kann, wird es kurz zusammenzucken, um dann mit einem Satz die Flucht anzutreten. Es wird daraufhin in schnellem Galopp davonlaufen und dem Leittier oder den anderen Herdenmitgliedern folgen.

Je nach Rahmenbedingungen wird es eine bestimmte Distanz zurücklegen, um dann in Schritt zu verfallen oder anzuhalten und in die Richtung des vermeintlichen Angriffs zu spähen. Sieht es sich an der Flucht gehindert, so wird es panikartig und mit allen Mitteln versuchen, ohne Rücksicht auf die eigene Unversehrtheit seine Flucht fortzusetzen.

> ▶ *Während aber der Fluchtreflex stets erhalten bleibt, kann das Fluchtverhalten verändert, minimiert und umkonditioniert werden.*

Flucht als Überlebensstrategie des Beutetiers.

▶ **Territoriales Verhalten**

Unabhängig vom Element, in dem sie leben, ob Beutetier oder Beutejäger, die meisten auf diesem Planeten lebenden Tierarten haben ein artspezifisches Territorialverhalten. Auch Pferde verfügen darüber. Dieses territoriale Bewusstsein beeinflusst die bisher beschriebenen Verhaltensbereiche zum Teil wesentlich. Territoriales Bewusstsein betrifft sowohl das Leben im Herdenverband als auch den Aufenthalt und das Verhalten in wechselndem Terrain. In der Herde werden die besten Plätze von den ranghöheren Tieren entsprechend ihrer Stellung in der Hierarchie besetzt. Jedes Tier beansprucht für sich einen bestimmten, räumlichen Individualbereich. Die Fluchtdistanz ist je nach Geländebedingungen, in denen sich Pferde aufhalten, unterschiedlich groß. Das Sexualverhalten speziell von Hengsten ist auf «heimischem» Territorium anders als auf Fremdterritorium. Den angestammten Lebensbereich verteidigt ein Pferd auch schon mal, wenn es sich bedrängt, in die Enge getrieben oder angegriffen fühlt. Im angestammten Territorium bewegt ein Pferd sich ausgiebig. Fremdartige Aktivitäten oder Gegenstände in seinem Territorium machen es neugierig.

> ▶ *Das Territorialverhalten hat stets Auswirkungen auch auf Rangordnung, Geschlechtstrieb und Fluchtinstinkt.*
> *Das heißt, dass alle wichtigen Belange für das Pferd stets an eine Frage gekoppelt sind: »Wo halte ich mich auf und wo nicht?«*
> *Vier Komponenten bestimmen das Verhalten des Pferdes:*
> *Rangordnung, Geschlechtstrieb, Fluchtinstinkt und alles überlagernd das Territorialverhalten.*

In der Herde werden die besten Plätze von den ranghöheren Tieren entsprechend der Hierarchie besetzt.

Das territoriale Bewusstsein eines Pferdes hat also weitreichende, vielschichtige Auswirkungen auf sein Verhalten. Es beeinflusst sein ganzes Leben lang jeden Lebensbereich intensiv.

Die daraus resultierenden Verhaltensmuster bestimmen die Lernfähigkeit eines Pferdes generell. Alle Erziehungsmaßnahmen müssen sich im Rahmen dieser Lernfähigkeit bewegen und in logischen Schritten daraus abgeleitet sein. Ich nenne es das «Territoriale Lernen».

Um die Zusammenhänge verständlicher zu machen, möchte ich eine Reihe von praxisnahen Beispielen verwenden.

BEISPIEL 1 ► Eine Pferdegruppe verlässt vertrautes Terrain, in dem jeder Stein und jeder Strauch bekannt ist und begibt sich auf die Suche nach neuen Weidegründen. Nun werden zunächst hinter jedem Stein und jedem Strauch Gefahren angenommen. Entsprechend vorsichtig bewegt sie sich in dem fremden Gelände. Es ist die Aufgabe des Leittieres, dem Rest der Herde Sicherheit zu geben. Je erfahrener ein Leittier, desto souveräner wird es dieser Aufgabe gewachsen sein. Sein Selbstvertrauen gibt den anderen im Rang niederen Tieren Vertrauen.

> ► *Für alle Herdenmitglieder stellt sich prinzipiell die Frage: Wo kann ich mich gefahrlos bewegen und wo nicht? Das Leittier trifft die Entscheidung generell, jedes einzelne Herdenmitglied individuell.*

BEISPIEL 2 ► Eine Stutengruppe hält sich in einem Paddock auf. Es weht ein ungemütlicher, kalter Wind. Ein Buschgruppe bietet etwas Windschutz. Dieser komfortable Platz wird besetzt vom ranghöchsten Tier. Alle rangniederen Tiere werden den Bereich meiden, solange er vom ranghöchsten beansprucht wird, eventuell duldet dieses seine engste Freundin neben sich.

> ► *Für alle stellt sich prinzipiell die Frage, wo ist der komfortabelste Platz? Das ranghöchste Tier wird ihn beanspruchen und besetzen, wann immer es möchte.*

BEISPIEL 3 ► Ein Gruppe von Pferden grast auf einer Weidefläche. Jedes Pferd beansprucht für sich einen bestimmten Individualbereich. Je nach Rang ist der etwas größer oder kleiner bemessen. Nehmen wir an, Pferd A ist in der Rangordnung höher als Pferd B. Pferd A beansprucht einen Individualbereich von etwa fünf Metern im Radius. Pferd B hat einen etwas kleineren Individualbereich. Pferd A bewegt sich grasend über die Wiese, bis es in die Nähe von B kommt. Sind die beiden etwa auf zehn Meter zusammengekommen, wird B noch ruhig bleiben, seinerseits aber nicht die Distanz zu A verringern. A hingegen hat keine Probleme damit, B etwas dichter «auf den Leib zu rücken». Verkleinert sich die Distanz auf etwa 5 Meter, so ist es für B höchste Zeit, den Standort zu verlassen, selbst wenn

Territoriales Bewusstsein betrifft sowohl das Leben im Herdenverband als auch den Aufenthalt und das Verhalten in wechselndem Terrain. Jedes Tier beansprucht für sich einen bestimmten räumlichen Individualbereich.

dort sehr wohl schmeckendes Gras steht. Sollte es unaufmerksam sein, so wird A drohen und nötigenfalls auch durch eine kurze Attacke gegen B seinen Individualbereich wieder klären. Nachdem A und B eine Fresspause eingelegt haben, stellt sich A einladend gegenüber B hin und fordert damit zur gegenseitigen Fellpflege auf. B darf jetzt unbehelligt den Individualbereich von A betreten.

> *Für rangniedere Pferde einer Gruppe stellt sich stets die Frage: Wo ist die Grenze zu den Individualbereichen ranghoher Tiere? oder: Wo darf ich mich aufhalten und wo nicht?*

BEISPIEL 4 ▸ Eine Gruppe von Pferden ist auf dem Weg zur gewohnten Wasserstelle. Diesen Marsch muss sie jeden Tag absolvieren. Die Geländebedingungen haben sich in das Gedächtnis eines jeden Pferdes eingeprägt, jeder Strauch, Stein oder Baum mit seinem entsprechenden Schatten. Sollte es eine optische Veränderung geben, so wird das Leittier nicht mehr weiter gehen, sondern verharren und eventuell die Flucht einleiten. Sein Instinkt sagt ihm: «Die Steine und Bäume ändern nicht plötzlich ihr Erscheinungsbild. Ein zusammengekauertes Raubtier könnte aber die Ursache für die Veränderung sein, deshalb ist eine Flucht vielleicht angebracht.»

> *Für Pferde, die sich in gewohnter Umgebung bewegen, stellt sich die Frage: Wo gibt es Veränderungen, die Gefahr bedeuten können?*

Erst wenn bei einer kurzen Flucht kein Verfolger erkennbar wird, wird es sich vorsichtig und fluchtbereit nähern, um den verändert erscheinenden Bereich zu untersuchen.

Nur diese vier Beispiele machen vielleicht schon deutlich, wie wichtig im täglichen Leben eines Pferdes die Frage ist: «Wo halte ich mich auf und wo nicht?» Letztlich lässt sich jede Situation im natürlichen Umfeld eines Pferdes auf diese Frage reduzieren. Bei der Grundausbildung junger Pferde stelle ich deshalb bei allen Lernschritten zunächst diesen Bezug zum territorialen Bewusstsein eines Pferdes her, um ihnen eine möglichst natürliche Lernsituation anzubieten und die ihnen von der Natur gegebene Lernfähigkeit zu nutzen.

Territorialbewusstsein:

Wer als Ausbilder bei der Arbeit mit jungen Pferden oder bei der Korrektur von unerwünschten Verhaltensmustern diese Erkenntnis in sein Konzept mit einfließen lassen will, der muss umdenken. Lernt man doch hierzulande von Anfang an all zu häufig, ausschließlich darauf einzuwirken, wie ein Pferd laufen soll. Es soll am Zügel gehen, es soll Längsbiegung haben, es soll seitwärts gleichmäßig übertreten, es soll versammelt gehen, es soll taktmäßig gehen, es soll durchlässig sein usw. Man könnte die Palette der Begriffe, die so typisch für Gespräche unter Reitern sind, beliebig fortführen. Für all diese Begriffe und die damit vom Menschen verknüpften Verhaltensmuster hat das Pferd kein Bewusstsein und kein Verständnis. Wer damit beginnt, dem Pferd beibringen zu wollen, wie es laufen soll, bevor er mit ihm eine Verständigungsebene dafür geschaffen hat, wo es laufen soll, der überfordert es. Lernsituationen auf der Basis des Territorialen Lernens zu kreieren, bedeutet, die natürlichen Lernanlagen des Pferdes zu nutzen. Um dem Pferd solche leicht verständlichen Lernsituationen anbieten zu können, muss ein Ausbilder lernen, ein «Territorialbewusstsein» ähnlich dem des Pferdes zu entwickeln. Man benötigt einige Zeit, bis das eigene Verhalten in diesem Sinne entsprechend automatisiert ist.

▶ Die Umwelt in den Augen des Pferdes

Die Welt, in der wir leben, ist für alle gleich. Und dennoch nimmt sie jeder individuell unterschiedlich war. Vielleicht haben Sie auch schon einmal die Erfahrung gemacht, mit einem Familienmitglied oder Freund eine Situation gemeinsam erlebt zu haben. In einem späteren Gespräch stellt sich heraus, dass jeder Beteiligte eine ganz unterschiedliche Schilderung des Erlebten abgibt, so als hätte es zwei verschiedene Begebenheiten gegeben. So etwas ist möglich, da wir eine Situation aus unterschiedlicher Perspektive und mit variierender Grundeinstellung betrachten können. Sie haben sicherlich schon einmal das Beispiel vom halb mit Wasser gefüllten Glas gehört. Während der eine Betrachter davon überzeugt ist, dass das Glas halb leer ist, behauptet ein anderer, es sei halb voll.

Pferden geht es ähnlich wie uns, aus diesem Grunde ist es sinnvoll, sich Gedanken darüber zu machen, wie Pferde ihre Umwelt wahrnehmen.

DIE SINNE DER PFERDE ▶ Pferde orientieren sich in ihrer Umwelt mit ihren Sinnen. Die Wertigkeit der Sinneswahrnehmungen ist nicht mit der des Menschen zu vergleichen. Berücksichtigt der Mensch im Umgang mit dem Pferd diesen bedeutenden Unterschied nicht genügend, so kommt es mit Sicherheit zu Missverständnissen. Der wichtigste Sinn des Menschen zur allgemeinen Orientierung und Situationsbewertung ist der Gesichtssinn, das Sehen oder Betrachten also.

Pferde sehen ihre Umwelt mit anderen Augen als Menschen. Ihr perspektivisches Sehen, der Blickwinkel, die dreidimensionale Sicht, das scharfe Sehen, die Farb- oder Kontrastwahrnehmung, in all diesen Bereichen sieht ein Pferd anders als der Mensch es kann.

Pferde haben zunächst ein anderes Gesichtsfeld als der Mensch.

Pferde orientieren sich in ihrer Umwelt mit ihren Sinnen. Die Sinneswahrnehmungen finden nicht wie beim Menschen primär über das Sehen statt. Gehör, Geruch und Körper- oder Tastsinn haben einen höheren Stellenwert als das Sehen.

Pferde sehen ihre Umwelt mit anderen Augen als Menschen. Dieses andere Wahrnehmungsvermögen bedingt speziell abgestimmte Verhaltensweisen.

Dieses andere Wahrnehmungsvermögen bedingt speziell darauf abgestimmte Verhaltensweisen. Die Augen eines Pferdes sind seitlich am Kopf angesetzt, seine Augäpfel kann es nicht in gleicher Weise in der Augenhöhle bewegen wie der Mensch. Will es den Blickwinkel verändern, muss es seinen Kopf heben, senken oder wenden.

Es verfügt nahezu über eine Rundumsicht mit einem toten Winkel nur direkt hinter seinem Körper. Bedingt durch die Anordnung der Augen hat ein Pferd links und rechts je ein großes monokulares Sehfeld. Nur direkt vor sich in einem schmalen Sehfeld kann es binokular sehen und ist nur in diesem Bereich in der Lage, Gegenstände scharf zu sehen und Abstände zu taxieren. Will es in die Ferne schauen, so muss es seinen Kopf hoch tragen, nimmt es ihn tief, so sieht es nur den Bereich direkt vor sich am Boden binokular und damit scharf. Direkt über und vor seinem Kopf, vor seiner Stirn und seiner Nase hat es einen toten Blickwinkel.

Ein Pferd ist in der Lage, den Bereich, den es betreten will, genau anzusehen, wenn es das für nötig hält. In schwierigem Gelände nimmt es seinen Kopf tief, um möglichst scharf den Bereich direkt vor seinen Hufen taxieren zu können, im schnellen Lauf nimmt es ihn hoch, um einige Pferdelängen vorauszuschauen, ebenso um den Absprungpunkt vor einem Hindernis zu taxieren.

Alle Wahrnehmungen im monokularen, seitlichen Gesichtsfeld sind eher unscharf und verschwommen.

Viele Verhaltensweisen und Reaktionen eines Pferdes erklären sich unter anderem aus den Besonderheiten seines Gesichtssinnes (Seh-vermögens), der im Vergleich mit dem Sehvermögen des Menschen als eingeschränkt gelten kann. Dieser Umstand ist mir besonders bei der Arbeit mit jungen, unausgebildeten Pferden stets bewusst und wird von mir berücksichtigt.

Für uns Menschen ist der Gesichtssinn unter allgemeinen Normalbedingungen der wichtigste Sinn. Gehör, Geruch, Geschmack und Tastsinn spielen eine deutlich untergeordnete Rolle und sind bei weitem nicht so fein ausgebildet wie bei Pferden. Für diese sind Geruch, Gehör und Tastsinn häufig wichtigere Informationsquellen als die optischen Wahrnehmungen.

Je nach Situation werden die Sinne von unterschiedlicher Bedeutung für ein Pferd sein. Wenn man sich fragt, welche Sinne ein Pferd zur Orientierung in seiner nächsten Umgebung einsetzt, so dürfte das in folgender Reihenfolge geschehen: Geruch, Haut und Muskelsinn (Tastsinn), Gesicht und Gehör. Nähert es sich einem Gegenstand oder einer Situation, so wird die Reihenfolge sich ändern: Gehör, Gesicht, Geruch, Tastsinn. Seine sichersten Führer sind vermutlich: Muskel- und Hautsinn und der Geruch. Gehör und das Gesicht werden ihm wohl die meisten Irrtümer bescheren.

In Bezug auf sein Körperempfinden, seinen Haut- und Muskelsinn kennt das Pferd zwei prinzipielle Verhaltensmuster! In der Regel wird es bei lästigen Einflüs-sen eine Komfortzone mit reduzierten Einflüssen suchen. Bei Fliegenstichen z. B. wird es aber zunächst versuchen, den Quälgeist abzuschütteln. Erst wenn das nicht gelingt, versucht es, auszuweichen oder davon zu laufen, um dem unangenehmen Einfluss zu entgehen. Bei festem großflä-chigem oder punktuellem Dauerdruck gegen seinen Körper reagiert es mit einer r e f l e x i v e n Gegendruckbewegung. Wenn mehrere Pferde sich durch einen Engpass zwängen, so drücken sie mit Kraft massiv gegeneinander. Ist der Durchlass immer noch zu eng, so werden sie auch massiven Druckkontakt mit dem begrenzenden Hindernis nicht scheuen. Im Kampfspiel miteinander drängen sie sich mit Körperkraft gegeneinander, um den Spielgefährten abzudrängen. Sollten sie sich irgendwo verfangen, zum Beispiel mit einem Bein, dem Kopf oder Hals, so versuchen sie, sich mit Gewalt loszureißen.

▶ *Nachgiebigkeit gegenüber direktem Körperdruck kennen Pferde in ihrem natürlichen Verhalten nicht.*

Wenn wir diese Erkenntnisse ausreichend berücksichtigen, so lässt sich zum einen das Verhalten der Pferde, mit denen wir uns beschäftigen, viel besser verstehen, zum anderen wird es uns leichter fallen, die Verhaltensweisen im Rahmen der Ausbildung effizienter in unserem Sinne zu verändern.

▶ Haben Pferde Gefühle?

Zu sehr vielen Bereichen, die das Pferd betreffen, gibt es wissenschaftlich belegbare Erkenntnisse. Befassen wir uns aber mit der Empfindungswelt des Pferdes, seinen Gefühlen und Gedanken, so sind wir auf Spekulationen angewiesen. Angst, Schmerz, Freude, Lust oder Unlust, Wut, Ärger, Frustration, Resignation, Zuneigung, Hass. All diese Worte sind uns geläufig, um damit Gefühlshaltungen zu beschreiben. Ich bin der festen Überzeugung, dass auch Pferde zu all diesen Empfindungen in der Lage sind, vielleicht in abgewandelter Form, doch prinzipiell kennen sie diese Gefühle. All diese Gefühle beeinflussen das aktuelle Verhalten eines Pferdes ebenso wie die Emotionen unsere Handlungen beeinflussen. Angst ist eine Emotion, die alle anderen überlagern kann, sie blockiert den Körper und schränkt die Wahrnehmungsfähigkeit ein. Ängste können durch einen positiven Erfahrungsprozess abgebaut werden oder durch Negativerlebnisse zu Phobien führen. Die Anwendung von Zwang verstärkt Angstgefühle in der Regel.

Für das Pferd als Flucht- und Beutetier ist das Angstgefühl und die daraus resultierende Skepsis allem Unbekannten, Neuen oder Plötzlichen gegenüber überlebenswichtig.

Andere negative Emotionen wie Ärger, Ungeduld, Wut oder Frustration beeinflussen das Verhalten, reduzieren sich aber häufig durch Bewegung oder Ab-

Mutterstute mit Fohlen – rein instinktive Zuneigung?

lenkung oder werden auf diese Weise abgebaut.

Die Verknüpfung angenehmer Empfindungen mit bestimmten Situationen oder Verhaltensweisen hinterlässt einen positiven Eindruck im Gedächtnis eines Pferdes und animiert zur späteren Wiederholung.

Das Gefühl der Dankbarkeit, wie sie von Menschen definiert wird, kennen Pferde wohl nicht. Wer einem Pferd Wohltaten gewährt und Dankbarkeit erwartet, der muss deshalb immer wieder enttäuscht werden. Als Ausbilder sollte man sich dieser Tatsache immer bewusst sein.

> ▶ *Während der Ausbildung lege ich sehr viel Wert darauf, die von mir gewünschten Verhaltensweisen mit angenehmen Empfindungen zu verknüpfen. Die Erfahrungen, die ein Pferd macht, prägen seine Vorstellungswelt.*

▶ Wie lernen Pferde?

Was kann man einem Pferd im Rahmen der Freizeitpferdehaltung beibringen? Wo sind die Grenzen, wie muss man sich verhalten, welche Voraussetzungen sind notwendig, was ist, wenn man Fehler macht?

Wie lernen Pferde überhaupt? Lernen, so steht es im Lexikon, ist die Aufnahme und Umsetzung von Informationen entweder aus gewonnener Erfahrung oder durch Vermitteln von Wissen durch ein Lehrmedium.

S. von Maday definiert in seinem Buch ‹Psychologie des Pferdes und der Dressur›: «Im umfassendsten Sinne bedeutet Lernen Ausbilden der Assoziationen von . . . Empfindungen mit den Bewegungen. Es umfasst also zwei verschiedene Tätigkeiten: die erste Verknüpfung einer bestimmten Empfindung mit einer bestimmten Bewegung und die Einübung und Mechanisierung dieser Verknüpfung.»

Wenn wir Pferde in ihrem Verhalten beobachten, dann können wir viele Beispiele für dieses Verhaltensprinzip finden.

Schon ein neugeborenes Fohlen lernt nach diesem Prinzip. Auf der instinktiven Suche nach dem Euter der Mutter stapft es etwas unbeholfen herum. Bei erfahrenen Stuten kann man beobachten, wie sie dem Fohlen mit behutsamen Nasenstupfern den Weg zeigen. Einige Zeit später dann werden sie das Fohlen mit diesen Nasenstupfern dirigieren, wie der Eishockeyspieler den Puck mit dem Schläger führt, um ihm zu zeigen, wo es sich aufhalten soll und wo nicht.

In fortgeschrittenerem Alter werden die Fohlen von den Herdenmitgliedern durch freundliche, bestimmte Aktionen wie deutliches Drohen und leichte Tritte darauf hingewiesen, wo sie sich aufhalten dürfen und wo nicht.

Dieses System setzt sich durch das ganze Leben eines Pferdes fort. Ob es lernt, sich im Herdenverband einzufügen oder der Umwelt anzupassen: wo es unangenehme Erfahrungen macht, dort weicht es, wo es angenehme Erfahrungen macht, dort strebt es hin. Die Wahrnehmung von angenehm oder unangenehm findet haupt-

Vereinfacht gesagt lernt ein Pferd prinzipiell nach einem simplen Schema:

Situationen, welche angenehme Empfindungen verursachen, strebt es zu, solche Situationen, die unangenehme Empfindungen verursachen, meidet es oder wehrt es ab, wenn es ihnen nicht ausweichen kann.

Die Schlussfolgerung liegt nahe: Pferde bewegen sich aus Diskomfort-Zonen in Komfort-Zonen.

sächlich über den Haut- und Muskelsinn (Tastsinn) statt. Daraus läßt sich ableiten, dass ein Pferd im Wesentlichen über Erfahrungen lernt, die es im direkten Körperkontakt macht. Aus den Schlüssen, die es zieht, entwickeln sich Verhaltensmuster mit dem Ziel, unangenehme Empfindungen im Körperkontakt zu vermeiden. Die feinste Einwirkung in diesem Sinne kann man beobachten, wenn sich eine Fliege auf das Fell eines Pferdes setzt. Durch Hautzucken versucht es, der Fliege die Landung unmöglich zu machen. Bleibt die Fliege penetrant, so folgt deutliches Körperschütteln. Ist auch das erfolglos, dann fühlt sich das Pferd so sehr belästigt, dass es den Standort wechselt. Bei starker Belästigung durch Fliegen kann man beobachten, dass Pferde sogar davontraben oder -galoppieren. Das Prinzip von *Diskomfort* und *Komfort,* mentalem oder körperlichem Druck und der daraus resultierenden Nachgiebigkeit, mit dem wir uns später befassen werden, kommt hier deutlich zum Ausdruck.

Pferde lernen aber nicht nur durch eigene, körperliche Erfahrung, sondern auch dadurch, dass sie sich am Verhalten anderer Herdenmitglieder orientieren und deren Aktionen manchmal sogar blitzschnell nachahmen.

Man kann auch feststellen, dass Fohlen die Gewohnheiten und Eigenarten ihrer Mütter in ihre Verhaltensmuster übernehmen.

Das heißt, dass auch Wahrnehmungen über die anderen Sinne als Lerninformation für das Bewegungsverhalten dienen.

Jede Gewohnheit ist *angenehm,* und wir befolgen sie gerade deshalb; noch mehr aber, weil ein Abweichen von ihr *unangenehm* ist.

Ein Jungtier lernt seine Grenzen kennen.

Die Bewegungen der Tiere (und Menschen) können vom psychologischen Standpunkt in vier Kategorien unterteilt werden:

► Die R e f l e x b e w e g u n g wird vom Reiz auf dem kürzesten Weg durch einen physiologischen, aber nicht psychischen Vorgang ausgelöst. Beispiel: Eine Fliege sticht das Pferd und es zieht das Bein zurück.

► Bei der i n s t i n k t i v e n Bewegung spielt die Seele bereits eine Rolle: zwischen Reiz und Reaktion wird eine Vorstellung eingeschoben; das Pferd sieht oder riecht das Futter. Es wird von dieser Wahrnehmung nicht unbewusst angezogen, wie es vom Fliegenstich in das Bein abgestoßen wird, sondern es muss die Wahrnehmung machen: «Das Heu ist etwas zum Essen» und diese Vorstellung löst in ihm die Bewegung oder Bewegungskette aus, mit welcher es zum Futter gelangt.

► Bei der w i l l k ü r l i c h e n Bewegung schieben sich zwischen Reiz und Reaktion bereits zwei oder mehrere Vorstellungen ein. Das Tier hat die Wahl zwischen diesen Vorstellungen, und demzufolge kann derselbe Reiz zu verschiedenen Reaktionen führen. Zum Beispiel steht das Pferd einer hohen Barriere gegenüber, die es ungern überspringt. Hinter dem Hindernis steht der Besitzer mit verlockendem Futter. Das Pferd zögert, wägt ab und wählt endlich eine der beiden Möglichkeiten. Es überspringt das Hindernis oder nicht.

► Die a u t o m a t i s c h e Bewegung entsteht aus der Willkürbewegung, wenn sie sich durch Wiederholung, d. h. durch Übung mechanisiert. Die zwischengeschobenen Vorstellungen fallen aus, und die anfänglich gewählte Reaktionsform erfolgt entweder mit Hilfe einer minimalen Mitwirkung des Geistes (also instinktiv) oder ganz unabhängig von diesem (also reflexartig); Beispiel: das Pferd überspringt das Hindernis, weil die wiederholte Ausführung dieser Bewegungskette zu einer wiederkehrenden Routine gehört, die häufig wiederholt wurde. Mit zunehmender Wiederholung fällt die Entscheidung leichter und wird zu einer Gewohnheit.

(Stefan v. Madáy, Psychologie des Pferdes und der Dressur, 1912)

Hier finden wir wieder das Prinzip von Komfortzone und Diskomfortzone wieder.

Der Begriff Gewohnheit bezeichnet eine Mechanisierung der Willensvorgänge, ein Reduzieren intelligenter Tätigkeit zu automatischer, unintelligenter Tätigkeit.

Man könnte auch sagen: ein Akt der Bequemlichkeit, der Ersparnis an geistiger Energie.

> *Durch die Kenntnis und die sinnvolle Berücksichtigung dieser Zusammenhänge ist es möglich, Verhaltensmuster der Pferde zu verändern, neue Verhaltensmuster im Rahmen ihrer physischen Möglichkeiten zu konditionieren und darüber hinaus auch ihr Bewusstsein und ihre innere Einstellung zu Situationen umzuformen.*

Ein Pferd wird die meisten Situationen in seinem gewohnten Umfeld zunächst komplex und intuitiv bewältigen, das heißt, es wird sich nicht sagen: «Um die unkomfortable Situation, allein zurückzubleiben, zu vermeiden, beginne ich mit dem rechten Vorderbein zu laufen, wähle die Gangart Galopp, wechsele vom Rechtsgalopp zum Linksgalopp, und erst wenn ich wieder im Herdenverband bin, gehe ich im Schritt wie die anderen Herdenmitglieder weiter.»

Vielmehr wird es intuitiv Richtung und Tempo wählen und Veränderungen im Bewegungsablauf vornehmen, wie die Rahmenbedingungen es notwendig machen. Dabei wird es in der Regel ökonomisch mit seinen Kräften umgehen und überflüssige Anstrengungen vermeiden. Furcht oder Angst

Auf der instinktiven Suche nach dem Euter der Mutter stapft das Fohlen etwas unbeholfen herum. Bei erfahrenen Stuten kann man beobachten, wie sie dem Fohlen mit behutsamen Nasenstupfern den Weg zeigen.

allerdings wird es veranlassen, nicht mehr rational, sondern reflexiv zu reagieren. Damit ist es für Umwelteinflüsse nur noch sehr begrenzt zugänglich.

GEWOHNHEITSMÄSSIGE REAKTIONEN ▶ Mit zunehmender Lebenserfahrung und dem dadurch bedingten Lernprozess wird es auf bestimmte Situationen nicht mehr reflexiv reagieren, sondern gewohnheitsgemäß. Sein Gedächtnis hilft ihm darüber hinaus, angenehme oder unangenehme Situationen zu lokalisieren und rechtzeitig zu erkennen. Sein rationales oder willkürliches Handeln formt neue Verhaltensmuster, ihre Wiederholung konditioniert Gewohnheiten, die wieder zu Wohlbefinden führen und Selbstsicherheit und Selbstvertrauen bilden.

Situationen, die ursprünglich Angstreflexe und die entsprechenden Reaktionen auslösten, können umkonditioniert werden bis zu dem Punkt, da ein Pferd anstelle von Angst Sicherheit gegenüber einer Situation empfindet, vorausgesetzt, es hat das nötige «Problemmanagement» erlernt.

Es ist sich dabei seiner einzelnen Körperteile und -funktionen nicht bewusst.

LERNVERHALTEN NUTZEN BEI DER GRUNDAUSBILDUNG ▶ Im Rahmen einer Reitpferdeausbildung hat der Ausbilder nun die Aufgabe, die vorhandene, natürliche Lernfähigkeit des Pferdes so zu nutzen, dass es ein neues, umfassenderes Körperbewusstsein erlernt.

Es muss lernen: «Dies ist mein linkes Vorderbein, dies ist mein rechtes Hinterbein, dies ist meine Hinterhand, dies ist mein Kopf, dies sind einzelne Muskelgruppen, die ich anspannen oder entspannen kann.»

Dies geschieht auf der Basis willkürlicher Bewegungsübungen, die dem Pferd zunächst ohne körperliche Anstrengung in Entspannungs- und Nachgiebigkeitsübungen ein umfassenderes, detailliertes Körpergefühl vermitteln.

Während es aber für ein Pferd sehr natürlich und somit einfach ist, zu assoziieren: «Druck, körperlich oder emotional, (Diskomfort) wirkt auf mich ein, also verlasse ich den unkomfortablen Bereich und suche die Komfortzone», ist es ihm aus seinem natürlichen Erfahrungsfeld nicht gegeben, die Assoziation herzustellen: «Druck wirkt auf meine Zunge und meine Lippen (vom Gebiss zum Beispiel) ein, also entspanne ich die Halsmuskeln, gebe mit dem Unterkiefer nach, verlangsame mein Tempo und halte aus dem Lauf an.»

Im natürlichen Umfeld im Herdenverband im Rahmen der Rangordnung hat es stets Informationen bekommen wie etwa «Halte dich nicht hier auf, sondern suche dir einen anderen Ort» oder bei der Nahrungssuche z. B. «Dort ist die Komfortzone, ich strebe ihr zu».

Mit dem Bereich, den ich das territoriale Lernen nenne, ist es also bestens vertraut. Kaum hat aber je ein Herdenmitglied oder die Natur die Information verschickt:

«Gehe in dieser Haltung, bewege dein linkes Vorderbein weiter nach links vorne, spanne deine Rückenmuskeln mehr an und belaste die Hinterbeine etwas länger.»

Um sich diesen speziellen Informationsbereich zu erschließen, kann die Ausbilderin oder der Ausbilder nicht auf die natürliche Lernfähigkeit des Pferdes zurückgreifen. Leicht können deshalb in diesem Bereich Missverständnisse entstehen. Die können zu Unsicherheiten, Blockaden, Widerständen und, wenn Zwang angewendet wird, zu Ängsten und Panikreaktionen führen.

▶ *Um dem Pferd zu helfen, diese Ebene des erweiterten Körperbewusstseins zu erlernen und die daraus resultierende Körperkoordination und Körperkontrolle ohne Irritationen und Widerstände zu erreichen, verknüpfe ich schrittweise das territoriale Lernen mit dem rationalen Körperbewusstsein.*

Ich möchte das am Beispiel einer simplen Lernkette verständlich machen:

1. Zunächst lernt das Pferd, dem Druck prinzipiell zu weichen. «Ich möchte dort stehen, wo du stehst, **weiche irgendwohin aus.**»
2. Danach kommt eine gewisse Ordnung in das System Druck und Nachgiebigkeit. Dazu versende ich die Information «Wenn ich rechts Druck gebe, so **weiche** irgendeine Distanz irgendwie **nach links.**»
3. Die Ordnung wird nun präzisiert: «Würdest Du mit der Hinterhand **nach links weichen** und die **Vorhand dabei stehen lassen?**»
4. Es findet eine weitere Präzisierung statt, wenn wiederholte Übungen der ersten Lernschritte zu Verständnis und Gewöhnung geführt haben. Nächste Information: «Mit der Hinterhand nur **einen Schritt nach links weichen.**»
5. Das Pferd kann sich jetzt schon bewusst auf seine Hinterhand und die Bewegungsmöglichkeiten damit konzentrieren. Nächste Information: «Kannst du mir bitte **das linke Hinterbein einen Tritt** (Hufbreit) **nach links** setzen?»
6. Das Pferd hat bisher gelernt, ein **bestimmtes Bein für eine bestimmte Bewegungssequenz** auf Reitersignal hin zu bewegen. Ein von hinten nach vorn streifender Kontakt-Druck-Impuls vom Reiterschenkel während der Schrittbewegung in einer bestimmten **Bewegungsphase** ist die nächste Lerninformation. In dem Moment, da sich das linke Hinterbein in der Schwebephase befindet, gibt der Reiter einen Druckimpuls. Das Pferd lernt auf diese Weise, die Bewegungsaktivität in einzelnen Phasen **auf eine bestimmte Art** zu verändern und tritt in diesem Falle mit dem linken Hinterbein weiter unter den Körper vor.

Diese Lernkette zeigt in sehr vereinfachter Form auf, wie das Prinzip von Druck (Diskomfort) und Nachgiebigkeit (Komfort) in der Ausbildung genutzt werden kann.

Grundlagen der Pferdeausbildung

▶ **Verständigung ist der Schlüssel**

Für das Pferd nachvollziehbar wächst das Verständnis für die Forderungen seines Ausbilders Lernschritt für Lernschritt. Körperkontakt (über die Hilfen) in Form von Impulsen (Druck und Nachgiebigkeit) wird zum Verständigungsmittel. Durch Wiederholung wird dieses System zur Gewohnheit. Das Vertrauen des Pferdes in die Regelmäßigkeit dieses Verständigungssystems schafft Sicherheit und Wohlbefinden. Daraus erwächst die Motivation, sich willig führen und formen zu lassen. Mit der Zeit können auf dieser Basis die Anforderungen erhöht werden. Die Kraftanstrengung kann gesteigert werden. Der Gehorsam in Ausnahmesituationen mit erhöhtem Stressfaktor kann gefordert werden. Vertrauen und Selbstvertrauen des Pferdes wachsen auch in diesem Bereich. Die Anforderungen auf gehobener Leistungsebene werden selbstverständlich und zur Gewohnheit.

Sollten sich Missverständnisse abzeichnen, so gibt es nur ein sinnvolles Mittel: Zurück auf die Ebene der Verständigung im Bereich der Lernkette, auf der das Pferd sich wieder komfortabel fühlt, entspannen kann und die Verständigung zwischen Ausbilder und Pferd reibungslos funktioniert. Von dort beginnt man, wieder schrittweise weiterzuarbeiten.

> ▶ *Der Ausbilder sollte sich stets bewusst sein, wie schwierig dieser Lernprozess für ein Pferd als intellektuelle Leistung trotz aller Logik (aus unserer Sicht) doch ist. Er sollte sich stets vor Augen führen, dass das Verständnis des Pferdes und damit dessen Reaktionen direkt von seiner Klarheit, Regelmäßigkeit und angemessenen Handlungsweise abhängen.*

Man sollte auch nicht außer acht lassen, wie schwierig es für uns Menschen ist, die wir doch die höchste Stufe intelligenten, kontrollierten Handelns erreicht haben, den Schritt vom Begreifen einfacher Sachzusammenhänge zum kontrollierten, koordinierten sicheren Handeln zu tun.

In meinen Kursen und Workshops werde ich an diesen Umstand immer wieder erinnert, wenn ich sehe, wie schwer es den Teilnehmern fällt, ihre Körperhaltung im Sinne einer funktionalen

Das Fohlen lernt bereits von der Mutter wichtige Grundlagen der Verständigung.

> *Das Wort «begreifen» birgt die Problematik in sich: man muss zunächst erleben, erfahren, körperlich erfühlen (ertasten), um eine Situation zu verstehen und Bewegungen (Handlungen) zu verinnerlichen und zu automatisieren.*

und sinnvollen (für das Pferd verständlichen) Hilfengebung zu verändern. Ich selbst kann mich übrigens auch sehr gut daran erinnern, welche Probleme es mir machte, vom **Verstehen** zu neuen, ungewohnten Bewegungsabläufen, also zum **Handeln** zu finden und das zu automatisieren.

▶ Gute Horsemanship

Mit der schrittweisen Konditionierung von Verhaltensmustern kann ein systematisch und konsequent arbeitender Ausbilder über einen entsprechend langen Zeitraum eine sehr gute Verständigungsbasis mit einem Pferd erzielen und auch ein hohes Maß an Körperkontrolle erreichen. Dieses Ausbildungsprinzip findet man in allen kultivierten Reitweisen wieder.

▶ *Grundsätzlich ist es also gar nicht von so großer Bedeutung, ob ein Pferd nun Lektionen der iberischen Reitweise, der Barockreiterei, der Westernreitweise, der Springreiterei oder der europäischen Dressurreiterei erlernen soll, die Basiserziehung und -ausbildung eines Reitpferdes kann und sollte sogar trotz unterschiedlicher Ausrüstung und Rahmenbedingungen auf den gleichen, fundamentalen Prinzipien aufbauen.*

Schließlich «funktionieren» ein Warmblutpferd, ein Vollblüter, ein Araber, ein Quarter Horse, ein Haflinger, ein Friese, ein Lusitano und all die anderen Pferde unterschiedlichster Rassen nach den gleichen Verhaltensmustern ihrer Art. Natürlich gibt es individuelle Unterschiede, im Körperbau und der daraus resultierenden Funktionalität, im Temperament und im individuellen Persönlichkeitsbild und Charakter.

Um die willige Mitarbeit, das Vertrauen und den Gehorsam eines Pferdes zu gewinnen, muss ein Ausbilder die entsprechende Grundeinstellung haben. Er sollte als oberstes Interesse die Belange des Pferdes berücksichtigen.

Kürzlich sah ich eine ganzseitige Werbeanzeige für Streifgamaschen. Abgebildet war ein Reiningsportpferd, dem der Trainer eben diese Gamaschen anlegte. In großen Lettern war zu lesen: «Es gibt Trainer, die wollen nur das Beste für ihr Pferd.» Mir kam spontan ein Wortspiel in den Sinn, ohne es mit dem abgebildeten Trainer in Verbindung bringen zu wollen: «Es gibt Reiter, die wollen immer nur das Beste von ihrem Pferd!»

Ich glaube, jeder Reiter pendelt zwischen diesen beiden Extremen und muss seinen ganz persönlichen Weg finden. Diese Entscheidung kann einem niemand abnehmen.

Ich hatte das Glück, sehr früh mit dieser Entscheidungsfrage konfrontiert zu werden. Ich möchte einige Seiten dieses Buches diesem Thema widmen, bevor wir an die praktische Umsetzung der Grundausbildung von Western- und Freizeitpferden herangehen wollen.

Inspiriert von den Erzählungen und Reitvorführungen Jean-Claude Dyslis über die Kalifornische Reitweise und fasziniert von der Leichtigkeit und Präzision, mit der solchermaßen ausgebildete Pferde gehen sollten, reiste ich 1981 mit meiner Frau Edith nach Kalifornien, um ihn zu besuchen, und von dort weiter nach Reno, Nevada, zur Snaffle Bit Futurity der California Reined Cowhorse Association. Wir waren mit Freunden unterwegs und hielten uns dort mehrere Tage bis zum Finale auf.

Es waren weit über 300 dreieinhalbjährige Pferde am Start. Hohe

Sensibilität fürs Pferd macht sich auch in der Zügelführung bemerkbar.

Preisgelder lockten. Das Futurity System boomte. Für mich war das, was ich sah, eine große Enttäuschung. Fast ausnahmslos sah ich junge Pferde, die – in der Wassertrense geritten – mit harter Hand durch die Rundowns, Stops, Turnarounds und Galoppzirkel getrieben wurden. Eingeklemmte Schweife, geöffnete Mäuler, weggedrückte Rücken und steife Vorderbeine in den Stops. Diese Bilder, die ich dort sah, deckten sich so gar nicht mit meiner Erwartungshaltung an die Kalifornische Reitweise.

Da die Bilder in der Arena und auf dem Abreiteplatz nicht sehr erbaulich waren, hielt ich mich häufig in der Lobby auf. Dort stellten viele Händler die ganze Palette guten Westernequipments aus. Unter anderem stand dort ein alter Mann neben einem Buchständer, in dem er ein Buch mit dem Titel «Vaqueros und Buckaroos» anbot, dessen Autor er war. Ich kaufte das Buch und erfuhr, dass der alte Mann Arnold «Chief» Rojas war, ein alter Vaquero, der noch auf den großen kalifornischen Ranches vor der Weltwirtschaftskrise gearbeitet hatte. Hin und wieder kamen Buckaroos vorbei, unterhielten sich eine Weile mit ihm, und gingen dann weiter ihrer Wege. Er hatte eine überaus freundliche Ausstrahlung, und nachdem ich meine anfänglichen Hemmungen überwunden hatte, kamen wir ins Gespräch. Er war erfreut, mit einem Deutschen reden zu können, teilte er mir mit. Einer seiner besten Freunde über viel Jahre sei ein deutscher Zeitungsmann gewesen. In seiner Jugend habe er als

Vaquero unter anderem auf der Miller & Lux Ranch (dem größten Ranchimperium seiner Zeit bis in die 20-er Jahre) gearbeitet, sie gehörte Henry Miller, einem gebürtigen Deutschen mit dem Namen Heinrich Müller. Außerdem sei er bei seiner Überseereise nicht nur in Spanien, sondern auch in Deutschland gewesen, unter anderem im Hengstdepot in Celle; Niedersachsen. Schnell entstand eine sehr freundschaftliche Atmosphäre, und ich besuchte in mehrmals täglich an seinem Stand. An einem der folgenden Tage fasste ich mir ein Herz und fragte den alten Mann, was er über diese Veranstaltung denke. Ich sei schockiert über die Art und Weise, wie man mit den jungen Pferden umgehe.

Er überlegte eine Moment, schaute mich dabei lange an und sagte, die Veranstaltung sei gastfreundlich, gebe ihm Gelegenheit, seine Bücher anzubieten und man habe ihm im vergangenen Jahr die Ehre erwiesen und ihn zum «Vaquero des Jahres» nominiert. Danach machte er eine kleine Pause und fuhr dann fort, er kenne eine ganze Reihe von Leuten, die gute Horsemen seien. Einige davon könne man unter den Futurity-Reitern finden. Wieder machte er eine Pause, zögerte einen Moment und fuhr dann fort, für einen jungen Mann sei es gut, viel zu sehen und sich sein eigenes Urteil zu bilden. Man könne auf die meisten Fragen selbst eine Antwort finden, manchmal liege sie direkt vor den eigenen Augen. Schließlich müsse jeder seinen eigenen Weg finden

und sei für sein Handeln selbst verantwortlich. Bei dem letzten Satz lächelte er freundlich und verständnisvoll und dennoch war gleichzeitig klar, dass das Thema damit beendet war.

In den folgenden Tagen sah ich nicht mehr so sehr auf die unschönen und negativen Dinge, sondern hielt Ausschau nach den wenigen, guten Horsemen. Er hatte recht, es gab sie wirklich, und es war eine Freude, ihnen zuzuschauen.

Es gibt Augenblicke im Leben eines Menschen, die sind richtungweisend. Dieses Gespräch mit «Chief» Rojas gehörte für mich dazu.

> *Vaqueros waren raue Gesellen und lebten unter rauen Bedingungen. Ihre Pferde mussten hart arbeiten und wurden sicherlich nicht zart behandelt. Doch die bedeutendste Qualität eines Vaqueros war der Respekt, den er dem Pferd zollte.*

Während meiner Aufenthalte in den USA versäumte ich es in den folgenden Jahren nie, einen Abstecher nach Südkalifornien zu machen, um den für einige Tage «Chief» zu besuchen. Er freute sich, wenn jemand ehrliches Interesse an den alten, längst vergangenen Vaquero-Traditionen zeigte. Er war ein exzellenter Historiker dieser Epoche und dieser einzigartigen Hirtenkultur.

Einem Vaquero kam es nicht nur darauf an, dass eine Arbeit gemacht wurde, vielmehr war die Art und Weise wichtig, in der sie ausgeführt wurde. Sein erklärtes Ziel war es, ein Pferd so auszubilden, dass es an feinen Hilfen arbeitete und diese Leichtigkeit erhalten blieb.

«Chief» Rojas zitiert einen seiner Lehrmeister, Don Baldomero Irurigoitea, mit folgenden Worten: «Horsemanship ist eine Tradition der Edelleute, der Gentlemen, es ist eine Notwendigkeit, in der Beziehung zu den Pferden diese Einstellung der Gentlemen beizubehalten. Nur der Mann mit genügend Einfühlungsvermögen (man with the gentle touch) kann ein Pferd erziehen, denn er muss die Gefühle und Empfindungen der Pferde respektieren. Grobheit und Furcht gehen Hand in Hand, die Misshandlung von Tieren ist ein Zeichen von Gemeinheit.

Es ist gut, Selbstvertrauen zu besitzen, aber es ist auch gut, behutsam zu sein und jedes Pferd zu studieren. Damit ist gemeint: denke wie ein Pferd. Um ein Vaquero zu werden, musst Du lernen, Dich mit einem Pferd zu verständigen. Alle schönen, silberbeschlagenen Gebisse dieser Erde machen noch keine Reinsman. Um ein Reinsman (Horseman mit leichter Hilfengebung) zu sein, muss man eine feine Hand haben. Das Gebiss dient dazu, jemandes Gedanken auf das Pferd zu übertragen, es ist ein Mittel der Verständigung. In diesem Sinne ist ein Gebiss so gut wie das andere.

Mutige Reiter, mutige Pferde, so einfach ist das. Wenn ein Pferd seinem Reiter vertraut, dann kann es angeleitet werden, alles zu unternehmen.

Die Manieren des Pferdes, seine Einstellung und seine Aktionen werden beeinflusst durch die Hand des Reiters. Der Sitz des Reiters bestimmt, wie leicht oder grob die Hände eines Reiters sind. Ein Reiter mit einem schlechten Sitz kann keine guten Hände haben. Durch Balance kann der Reiter in Übereinstimmung mit dem Schwerpunkt des Pferdes bleiben. Ohne Balance kann der Reiter keine «leichten Hände» haben. Es sind die feinen Einwirkungen aus leichten Händen, denen die Pferde willig gehorchen. Die Zügel dienen der Verständigung zwischen Reiter und Pferd. Sie sind dazu da, das Pferd zu leiten, nicht um ihm Schmerzen zuzufügen oder es zu bestrafen.

Kein Reiter kann ein Reinsman werden, ohne sich anzustrengen. Ein großer Teil des Erfolges liegt nicht im Kopf des Reiters, sondern in seinen Händen und in seinem Sitz. Es muss alles mit einer leichten Hand getan werden und vor allem mit Geduld. Eines Tages wirst Du herausfinden, dass Du nicht ziehen und zerren, schlagen und spornieren musst. Du wirst eine leichte Hand (bridle hand) und eine Seelenverwandschaft mit Deinem Pferd entwickeln. Du wirst ein Reinsman sein. Reinsmanship, um das Wort zu prägen, bedeutet unendliche Geduld und Nachsicht.»

Ich habe diese Worte aus einem anderen Jahrhundert hier niedergeschrieben, weil sie nichts an Gültigkeit verloren haben. Mir haben sie geholfen, meinen Weg zu finden. Vielleicht leisten sie Ihnen ähnliche Dienste.

► **Die praktische Grundausbildung**

Die praktische Grundausbildung eines Pferdes unterteile ich in zwei Bereiche: die **Mentale Konditionierung** und **Physische Konditionierung.** Die beiden Bereiche sind während der praktischen Trainingsarbeit nicht strikt voneinander zu trennen. Jede mentale Konditionierungsübung bezieht Bewegung und damit Muskelaktivitäten mit ein.

Grundsätzlich muss die Bereitschaft des Pferdes zur Mitarbeit und die damit einhergehende Entspanntheit vorhanden sein, um die Übungen zur körperlichen Gymnastizierung korrekt und sinnvoll durchführen zu können. Sein Verständnis für die Forderungen, die Reaktionsfähigkeit auf die Einwirkungen (Hilfen) und seine komplette Entspannungsfähigkeit sind dafür die Voraussetzungen.

Während der Ausbildung folge ich stets dem Prinzip: Zuerst die Verständigung, dann Verständnis und dann die körperliche Funktionsübung.

Oft wird mir von Reitern die Frage gestellt: «Warum soll ich mein Pferd denn überhaupt gymnastizieren? Reicht es nicht aus, wenn es sich lenken und anhalten lässt und einige andere Manöver prompt ausführt?»

Die mentale Konditionierung und die physische Konditionierung sind während der praktischen Trainingsarbeit nicht strikt voneinander getrennt. Jede mentale Konditionierungsübung bezieht Bewegung und Muskelaktivitäten mit ein.

Kontrolle über ein Pferd und seine Bewegungen zu erlangen, das ist ein wichtiges Ziel der Ausbildung. Balance, Ausdauer, Tragkräfte und Elastizität seines Pferdes zu verbessern, das sollte jeder verantwortungsvolle Pferdefreund und Reiter außerdem anstreben, gleich, ob er Ambitionen im Turniersport hat oder nur zum Vergnügen durch die Natur reiten möchte. Nur wenn er diese Notwendigkeit berücksichtigt, wird sein Pferd dauerhaft gesund bleiben, freudig arbeiten und angenehm zu reiten sein.

Um dieses Ziel erreichen zu können, sollte man mit einem Pferd über einen angemessenen Zeitraum regelmäßig und methodisch arbeiten.

In Form einer vereinfachten Übersicht sind hier die einzelnen Stationen meines Jungpferde-Programms aufgelistet:

Mentale Konditionierungsübungen:

1. Der Ausbilder macht sich ein Bild von dem individuellen Pferd, das er ausbilden möchte. Seine körperlichen und mentalen Voraussetzungen bestimmen, wie die Ausbildung im einzelnen aufgebaut werden muss.
2. Die Ausbilder-Schüler Beziehung wird geschaffen. Vertrauen und Respekt werden dem Pferd individuell vermittelt.
3. **Die Verständigungsgrundlage über territoriales Agieren und Körpersprache** wird geschaffen.
4. Toleranz und Anpassung werden in simplen Übungen gefestigt.
5. Die Dominanzfrage wird weiterentwickelt zum gezielten Dirigieren.
6. Verständigungsgrundlage und Kontrolle über Richtung und Tempo werden erarbeitet.
7. Die Akzeptanz, einen Reiter auf dem Rücken zu dulden, wird geschaffen.
8. Verständigungsgrundlage über **reiterliche Hilfengebung** wird geschaffen.
9. Die Verhaltensänderungen werden gefestigt.
10. Fehlentwicklungen werden korrigiert.

Physische Konditionierungsübungen:

1. *zwanglose Selbsthaltung und Zäumungsakzeptanz in allen Gangarten*
2. *zwanglose Längsbiegung, Schenkel und Zügelkontakt*
3. *Weichen und Nachgeben in Kopf, Hals, Schulter, Rumpf, Hinterhand*
4. *die Wechselwirkung der Hilfen, gegenläufige Einwirkungen*
5. *Übergänge Schritt – Trab – Galopp – Trab – Schritt*
6. *der horizontale Spannungsbogen (Schiffschaukel), rückwärts*

▶ **Die Ausrüstung**

Bei der Arbeit mit jungen Pferden ist ein Round Pen eine große Hilfe. In einem solchen Trainingsplatz kann sich ein Pferd dem Einfluss des Ausbilders nicht entziehen.

Über Idealmaße und Beschaffenheit des Round Pens gibt es verschiedene Ansichten. Ich bin der Meinung, er sollte nicht weniger als 12 m Durchmesser haben, wenn man in allen Gangarten darin arbeiten möchte. Maximal 16 m halte ich für angemessen, um ein darin im Kreis laufendes Pferd noch mit dem Rope (Lasso) oder

Für die Westernpferdeausbildung gibt es eine unübersehbar große Vielfalt an Ausbildungszäumungen und -gegenständen. In der Regel reichen die seit Generationen verwendeten Standardgegenstände aus.
Für den Erfolg der Ausbildung ist ohnehin seine korrekte Anwendung und nicht der Ausrüstungsgegenstand selbst maßgeblich.

der Longierpeitsche erreichen zu können. Der Boden sollte aus Sand bestehen. Er sollte rutschfest sein, nicht hart, aber auch nicht so tief, dass ein Pferd bis über die Fessel-gelenke darin versinkt. Die Einzäu-nung sollte massiv sein, mindes-tens 160 cm hoch, ideal allerdings ist eine Höhe von 2 Metern. Kann ein Pferd über einen Zaun schau-en, so wandern seine Gedanken regelmäßig ab und es besteht die Möglichkeit, dass es versucht über ihn hinauszuspringen. Bis zu ei-nem Meter Höhe sollte die Einzäu-nung so dicht sein, dass ein Pferd nicht einen Huf oder ein Bein seit-lich hindurchstecken kann. Ideal ist die Einzäunung, wenn sie bis oben hin solide und ohne Lücken ist. Der Round Pen ist wie ein Klassenzimmer. Das Pferd wird nicht so leicht durch Außenein-flüsse abgelenkt und schenkt dem Ausbilder somit seine volle Auf-merksamkeit. Die Gefahr, dass sich ein Pferd Verletzungen zu-fügt, wenn es einmal panikartig reagieren sollte, ist deutlich redu-ziert. Es kann nicht so schnell lau-fen, wie das der Fall wäre, wenn es auf einer Geraden davonstür-men würde.

Um auf Distanz mit dem Pferd zu arbeiten, verwende ich ein re-guläres Rope, das ist ein Lasso (für die Arbeit mit Pferden aus weiche-rem Nylon und ca. 20m lang), wie es von Cowboys für die Rinderar-beit benutzt wird. Man kann aber auch ein beliebiges Nylonseil ver-wenden. Eine Longierpeitsche mit einer ausreichend langen Schnur ist als «verlängerter Arm» auch geeignet.

ARBEIT IM ROUND PEN ▸ Für die Arbeit im Round Pen verwende ich ein stabiles, flaches Halfter, das so-wohl im Nacken- wie im Nasenteil für eine optimale Passform zu ver-stellen ist. Eine Führkette verwen-de ich im Bedarfsfall mit dem Halfter. Außerdem habe ich eine stabiles Anbindeseil mit Bullsnap und ein 7 bis 10 m langes Führ- und Leitseil zur Hand.

Bei der Arbeit im Round Pen oder später auf dem Reitplatz ist es immer dann sinnvoll, dem Pferd Streifgamaschen anzulegen, wenn es noch zu unkoordinierten Beinbewegungen neigt. Es kann sich dann am Röhrbein oder an den Fesselgelenken anschlagen. Besonders, wenn es beschlagen ist, könnte es sich so selbst Verlet-zungen zufügen. Ich habe also stets für Vorder- und Hinterbeine ein Paar Gamaschen greifbar. Im Zuge der Ausbildung werde ich zwei Longen (Doppellongenarbeit) benötigen. Ich verwende ge-bräuchliche Nylonlongen. Selbst-verständlich habe ich einen pas-senden Sattel mit der entspre-chenden Unterlage für das Pferd. Für die Westernpferdeausbildung gibt es eine unübersehbar große Vielfalt an Ausbildungszäumun-gen. Nichts, was nicht schon mal verwendet worden wäre, und täg-lich kommen neue Erfindungen hinzu, die das Training effektiver machen sollen. Im besonderen Einzelfall mag es sein, dass mit ei-ner speziellen Ausrüstung ein Verhaltensproblem (Verständi-gungsproblem!) leichter, schneller oder effektiver zu lösen ist. In der Regel reichen die seit Generatio-

Bei der Arbeit mit jungen Pferden ist ein Round Pen eine große Hilfe.
Auf einem solchen Trainingsplatz kann sich ein Pferd dem Einfluss des Ausbilders nicht entziehen.

> *Es ist niemals ein Ausrüstungsgegenstand, welcher die Verständigung schafft oder Probleme löst, sondern nur seine sinnvolle Anwendung. Manche Ausrüstungsgegenstände oder ihre unsinnige Anwendung haben aber schon aus guten Pferden in kurzer Zeit verdorbene gemacht.*

nen verwendeten Standardgegenstände aus.

Für die ersten Maßnahmen verwende ich nur das passend verschnallte Halfter, bei unsensiblen Pferden lege ich die Führkette um das Nasenteil, um die Sensibilität wieder zu verbessern. Ich schnalle Zügel oder Leitseil je nach Übung in einen Seitenring oder den Mittelring unter dem Kinn des Pferdes. Es kann auch sein, dass ich in der Art eines Kappzaumes auf der Mitte des Nasenteiles einen Ring befestige, um z. B. eine Longe dort einzuhaken. Ich wirke stets so ein, dass das Pferd differenzierte Drucksituationen unterscheiden kann, z. B. Druck auf dem Nasenrücken oder an einer Kopfseite. Ich vermeide es stets, diffusen «Rundum-Druck» zu platzieren. Je unsensibler ein Pferd reagiert, desto punktueller müssen die Druckimpulse übertragen werden.

DIE RICHTIGE ZÄUMUNG ▶ Die klassischen Ausbildungszäumungen für Jungpferde sind die Wassertrense (Snaffle Bit) oder die

Die kalifornische Hackamore ist eine gebisslose Zäumung. Bei richtiger Anwendung lernt ein Pferd leicht, die Signale des Nasenbandes zu verstehen.

Bosal-Hackamore. Um mit diesen Ausrüstungsgegenständen sinnvoll einzuwirken, muss man mit ihrer Wirkungsweise bestens vertraut sein. Das Bosal wirkt von außen am Kopf des Pferdes. Mit Einwirkungen auf den Körper von außen ist ein Pferd von Natur aus vertraut. Es kann sehr schnell lernen, damit komfortabel umzugehen. Das Bosal wirkt auf den Nasenrücken, an den weichen Backenseiten des Pferdekopfes und an den äußeren Unterkieferknochen.

Die Wassertrense hingegen wirkt im Maul des Pferdes. Das metallene Mundstück wird vom Pferd zunächst als Fremdkörper empfunden, selbst wenn kein Druck oder Zug übertragen wird. Manche Pferde brauchen eine lange Gewöhnungszeit, um sich an das Gebiss im Maul zu gewöhnen. Form und Metalllegierung können sich unterschiedlich auf die Akzeptanz auswirken. Hat ein Pferd **in einer Zäumung** gelernt, die Druckimpulse als Verständigungsgrundlage zu akzeptieren, so muss es dennoch zunächst bei einem Zäumungswechsel mit der **veränderten Situation** vertraut gemacht werden, bevor man erwarten kann, dass es alle (Kontakt- und Druck-)Signale versteht. Das gilt ganz besonders, wenn man von einer gebisslosen Nasen-Kommunikation zu einer Maul-Kommunikation mit Gebisseinwirkung übergeht. Natürlich sollte man später auch bei einer Umstellung von der Wassertrense auf ein Gebiss mit Hebelwirkung daran denken.

SPOREN ▶ Über einen weiteren Ausrüstungsgegenstand möchte ich im Zusammenhang mit der Jungpferdeausbildung noch einige Worte verlieren: die Sporen. Bei der Bodenarbeit sind sie nur im Wege, wenn man die ersten Male auf einem jungen Pferd reitet, sollte man sie vorher ablegen. Ein unbeabsichtigter, plötzlicher Sporenkontakt hat schon manches entspannt und vertrauensvoll gehende Pferd so erschreckt, dass es sich zu einigen Bocksprüngen veranlasst sah. Nach einiger Zeit sollte ein Reiter, der Sporen einfühlsam und sinnvoll einsetzen kann, sein Pferd damit vertraut machen, dass sie ebenso ein Mittel zur Verständigung und Signalgebung sind wie die Zäumung und der Schenkelkontakt. Die Form von Rad und Schenkel der Sporen bestimmt ihre Wirkungsweise mit, so sollte man sich diesbezüglich seine Gedanken rechtzeitig machen, um eine zweckmäßige Wahl zu treffen.

Alle Ausrüstungsgegenstände sollte man sauber und funktional halten. Bevor man Kompromisse macht und defekte Ausrüstung zusammenflickt, ist manchmal eine Neuinvestition sinnvoll. Gerade bei der Arbeit mit jungen Pferden sollte es keine unangenehmen Überraschungen geben, weil ein Ausrüstungsgegenstand nicht in Ordnung ist. Die eigene Sicherheit und die des Pferdes sollten Vorrang haben. Und selbst, wenn ein Unfall glimpflich abgeht, so kann er doch im Verhalten des Pferdes bleibenden, negativen Eindruck hinterlassen.

Man benötigt nicht sehr viel Ausrüstung, doch das Wenige sollte in einem guten Zustand sein.

Zum Abschluss des Themas Ausrüstung möchte ich nun noch einige Gedanken formulieren, die sich aus den praktischen Erfahrungen der letzten fünfundzwanzig Jahre ergeben haben. Immer wieder konnte ich sowohl bei Amateurreitern wie bei gewerblich arbeitenden Pferdetrainern folgende Tendenz feststellen: gab es eine Problematik während der Ausbildung, so wurde zur Problemlösung nach einem «Hilfsmittel» gesucht und nicht mit der Standardausrüstung weiter gearbeitet. Öffnet ein Pferd das Maul, so wird das zugebunden, reagiert es unnachgiebig auf eine Wassertrense normaler Bauart, so wird eine scharfe Variante wie z. B. ein gedrehtes oder dünneres Gebiss verwendet. Ein Pferd zeigt durch sein Verhalten, ob der Ausbilder seine Belange berücksichtigt hat oder nicht. Abwehr, Widerstände oder Blockaden sind nicht böse Absicht, sondern immer auf Ausbildungsfehler zurückzuführen. Umgekehrt erlebte ich auch häufig, dass es versäumt wird, ein Pferd mit den notwendigen Lernschritten dafür vorzubereiten, auch unbequeme Situationen akzeptieren zu lernen. «Mein Pferd mag kein Gebiss, deshalb reite ich «gebisslos.» ist ein oft gehörtes Argument. Auch diese Einstellung mündet in einer Sackgasse, denn wer nicht bereit ist, einem Pferd Unbequemlichkeiten (in angemessener Form) zuzumuten, der wird es weder mental noch physisch formen können.

Wer die Zeichen für Ausbildungsdefizite unterdrückt oder verdrängt, beseitigt nicht ihre Ursachen.

> ▶ *Alle Ausrüstungsgegenstände sollten zur Kommunikation und Motivation und nicht zur Einschüchterung eingesetzt werden.*

▶ **Die mentale Konditionierung**
Vielleicht kennen Sie aus Ihrem persönlichen Umfeld oder dem Berufsleben eine ähnliche Situation wie ich sie im folgenden Beispiel schildere? Da hat man einen untergebenen Kollegen, mit dem man beruflich schon über einen längeren Zeitraum zu tun hat. Der gegenseitige Umgang beschränkt sich auf die wesentlichen, dienstlichen Dinge, man bleibt auf Distanz. Man bildet sich eine Meinung über diesen Kollegen aus dem Verhalten, das man von ihm im betrieblichen Umfeld kennt und aus dem, was andere über ihn sagen. Leicht entstehen da Vorurteile und negative Einschätzungen. Entsprechend ist die eigene Ausstrahlung natürlich auch etwas kühl. Eine vertrauensvolle, kollegiale Zusammenarbeit wird durch solche Rahmenbedingungen nicht gefördert.

Durch einen Zufall ergibt sich eins Tages ein persönliches Gespräch. Sie stellen fest, dass Ihr Kollege ein Mensch ist, der eigentlich sehr humorvoll, freundlich

und offen ist. Sie haben Gelegenheit gehabt, den individuellen Menschen hinter der Fassade des Kollegen kennen zu lernen und Sie zeigen, dass Sie auch ein umgänglicher Mensch sind. Von diesem Tag an wird die Zusammenarbeit wesentlich harmonischer und freundlicher ablaufen und selbst Schwierigkeiten werden jetzt leichter und ohne Konfrontationen bewältigt. Das Engagement des untergebenen Kollegen wird deutlich besser und alle haben ein besseres Gefühl.

Wenn wir mit Pferden umgehen und arbeiten, so können wir die geschilderte Situation durchaus zum Vergleich heranziehen.

Für eine harmonisches Miteinander muss eine Beziehung aufgebaut werden. Da das Pferd das schwächere Glied in dieser Beziehungskonstellation ist, sollte der Mensch die Initiative ergreifen. Jetzt werden Sie protestieren und mit Recht einwenden, dass ein Pferd ohne Zweifel um ein Vielfaches stärker ist als ein Mensch.

Das Pferd ist aber **intellektuell** schwächer als der Mensch, es kann sich nicht auf den Menschen einstellen, sich gedanklich in seine Welt versetzen, das primäre Verständigungsmittel des gesprochenen Wortes erlernen, komplexe Zusammenhänge begreifen.

Für ein harmonisches Miteinander muss eine Beziehung aufgebaut werden. Da das Pferd intellektuell das schwächere Glied in dieser Beziehungskonstellation ist, sollte der Mensch die Initiative ergreifen.

> *Wenn wir nicht wollen, dass es regelmäßig zu Missverständnissen kommt und daraus körperlich ausgetragene Meinungsverschiedenheiten entstehen, dann müssen wir uns bemühen, wie Pferde zu fühlen, zu denken und zu handeln.*

Ideal ist es, wenn man mit einem Pferd vom Fohlenalter an in diesem Sinne umgeht.Doch auch wenn ein Pferd heranwuchs, ohne dass diese Grundsätze bisher berücksichtigt wurden, ist es nicht zu spät.

Wenn man mit dem Zeitpunkt des Anreitens beginnt, dieses Prinzip konsequent umzuset-zen, so ist es in der Regel auch noch früh genug für einen entsprechenden Lernprozess. Der Round Pen ist der ideale Ort dafür.

Ich arbeite im Round Pen in der Regel etwa 20 bis 30 Minuten pro Trainingssequenz, nur in Ausnahmefällen länger. Arbeite ich an einer bestimmten Lektion und erreiche in dieser Zeitspanne das gesteckte Ziel nicht, so gehe ich zu einer schon gut funktionierenden Übung über. So kann ich das Training mit einem positiven Aspekt für das Pferd beenden, das unvollendete Thema nehme ich in der darauffolgenden Trainingseinheit wieder auf.

Während der Ausbildung soll das Pferd lernen, neue Regeln zu akzeptieren.

Ich arbeite mit einem Pferd regelmäßig jeden Tag. Es kann vorkommen, dass ich auch zwei oder drei mal täglich für eine kürzere Zeitspanne mit ihm an einem bestimmten Thema arbeite.

Außer der Trainingsarbeit im Round Pen haben die jungen Pferde während der Grundausbildung täglich Auslauf für mehrere Stunden in Einzelpaddocks mit Sichtkontakt zu anderen Pferden und sie gehen in einer Freiführanlage täglich im Schritt je nach Trainingsstand zwischen 30 und 60 Minuten.

Auch stehen sie angebunden und gesattelt zwischen 30 Minuten und drei Stunden an unterschiedlichen Anbindeplätzen, z. B. an der Reitbahn, allerdings stets unter Aufsicht. Dieses Tagesprogramm lässt keine Langeweile aufkommen und das Pferd kann sich durch die tägliche Routine an all die Dinge langsam gewöhnen, die ihm zunächst ja noch ungewohnt sind. Es hat sich gezeigt, dass dieser Tagesablauf dazu führt, dass die jungen Pferde bald sehr ausgeglichen sind und ganz selbstverständlich die gewünschten «guten Manieren» erwerben, die ein harmonisches Miteinander erleichtern.

Ich bin der Meinung, dass es den Pferden leichter fällt, den Schritt von der Selbstbestimmung hin zur Fremdbestimmung durch den Menschen zu machen, wenn sie sich in einer Art «Internatssituation» befinden. Regelmäßigkeit, ausgewogener Wechsel von mentaler und körperlicher Anspannung und Entspannung, zunächst wenig Ablenkung während der Lernphasen und eine ruhige Atmosphäre sollten ihr Umfeld prägen.

> ▶ *Sie sollen lernen, neue Regeln zu akzeptieren.*
> *Eine wichtige lautet: Im Dienst (d. h. gesattelt) gelten andere Verhaltensregeln als auf der Wiese oder im Paddock.*
> *Eine andere lautet: Im «Klassenzimmer» ist alle Aufmerksamkeit auf den Lehrer (Trainer) zu richten!*

Von der Selbstbestimmung zu Fremdbestimmung, in diesen beiden Worten liegt ein großer Teil der Problematik, mit der wir uns während der Grundausbildung junger Pferde auseinandersetzen müssen. Allzu selbstverständlich neigen viele Pferdebesitzer dazu, einfach zu unterstellen, dass ein Pferd sich ihrem Willen zu fügen hat. Dem ist nicht so. Ein Pferd bewertet jedes Herdenmitglied (Sozialpartner) individuell. Ob es sich unterordnet oder andere dominiert, das entscheidet es deshalb auch individuell. Um mit einem Pferd eine Verständigungsebene zu erlangen, muss der Mensch sich als sein Sozialparner in einer (kleinen) Herdengemeinschaft verhalten. Will er das Verhalten des Pferdes bestimmen, so muss er Dominanz **praktizieren**. Das heißt, er muss dem Pferd gleichbleibende Verhaltensmuster, die es auch erkennen kann, anbieten. Er muss Initiative ergreifen, **agieren** und nicht reagieren. Er muss willensstark sein und furchtlos, dabei aber nicht unbesonnen oder leichtsinnig.

Erst wenn ein Pferd regelmäßig diese Verhaltensmuster in seinem **tatsächlichen Verhalten erkennt**, wird es sich anpassen, unterordnen oder leiten lassen. Von jungen Pferden bis zu etwa drei Jahren werden die Dominanzansprüche eines anderen Sozialpartners relativ leicht akzeptiert, wenn sie in einem natürlichen sozialen Umfeld einer intakten Herdengemeinschaft aufgewachsen sind. Bei Pferden, die in Menschengesellschaft groß wurden, können sich ganz andere Verhaltensmuster gefestigt haben. Solche Tiere und ältere Pferde werden ihre Selbstbestimmung nicht so leicht aufgeben. Doch ganz gleich, wie alt ein Pferd ist oder wie es aufwuchs: soll es ein Reitpferd werden, so bedeutet das automatisch, dass es lernen muss, sich an den Willensäußerungen des oder der menschlichen Sozialpartner zu orientieren. Versäumen es die Menschen im Umfeld oder der Lebensgemeinschaft mit einem Pferd, verständliches, klares dominantes Verhalten zu praktizieren, so versucht ein Pferd, die Rangordnung festzustellen oder festzulegen. Das führt dazu, dass es zwischen manchen Menschen und ihren Pferden regelmäßig zu sehr viel Stress, Unruhe, Reibereien, Misstrauen und Ablehnung kommt. Stets ist das dann auf eine mangelhafte, grundsätzliche Klärung der Dominanzfrage durch eindeutige Verhaltensweisen in der Beziehung zurückzuführen.

▶ *Für ein harmonisches Miteinander innerhalb eines sozialen Gefüges ist es wichtig, dass alle Mitglieder der Gemeinschaft das Verhalten praktizieren, das der einmal gewählten Rollenverteilung entspricht.*

Wer als Besitzer oder Ausbilder einen harmonischen Umgang mit einem Pferd anstrebt, der sollte frühzeitig Klarheit in diese Beziehung bringen. Fremdbestimmung wird von den meisten Pferden nicht als etwas Unangenehmes, sondern viel mehr als sehr angenehm empfunden. Die Voraussetzung dafür ist aber ein klares, eindeutiges, angemessenes und umsichtiges Verhalten des dominierenden Sozialpartners. Auch Unbequemlichkeiten werden vom Rangniederen widerstandslos akzeptiert, wenn sie angemessen zugemutet und nur langsam gesteigert werden.

Die 10 Lektionen
der Grundausbildung

Die 10 Lektionen der Grundausbildung

▶ Lektion 1:   **Dominanz und Vertrauen**

Was soll das Pferd lernen?

Es soll lernen,
- ▶ *wie die Rollenverteilung zwischen ihm und mir aussieht,*
- ▶ *dass ich territoriale Ansprüche erheben kann,*
- ▶ *dass es mir weichen soll, wenn die Situation es ergibt,*
- ▶ *mir Aufmerksamkeit, Respekt und Vertrauen zu geben,*
- ▶ *dass ich mit meinem Körper nach seinen Regeln in seiner «Sprache» spreche,*
- ▶ *dass es sich nicht meinem Einfluss entziehen kann,*
- ▶ *dass Davonlaufen nicht alle Probleme löst,*
- ▶ *dass eigenständiges Loslaufen in «mehr Arbeit» umgesetzt wird,*
- ▶ *dass Anhalten und ruhig Stehenbleiben Entspannung bedeutet,*
- ▶ *dass ich ihm freundliche Zuwendung gebe, wenn es sich mir zuwendet,*
- ▶ *dass ich es antreibe, wenn es sich abwendet.*

WIE LERNT ES DAS? ▶ Ich führe das junge Pferd in den RoundPen und hake es vom Führseil los. Ich lasse es eine Minute im Round Pen herumwandern und das Terrain untersuchen, es darf sich bewegen, wie es möchte. Sollte es zu mir kommen wollen, so treibe ich es aus dem Mittelbereich heraus. Sobald es den Mittelbereich verlassen hat, verhalte ich mich passiv.

Nun beginne ich, es anzutreiben. Ich verwende ein langes Seil oder Rope, welches ich schwinge, wenn ich es antreiben möchte. Man kann auch eine Longierpeitsche verwenden. Ich ziele niemals direkt auf die Mitte des Pferdekörpers. Um anzutreiben, ziele ich immer bewusst knapp hinter das Pferd oder auf seine Kruppe und berühre es eventuell dort mit dem Rope. **Eine Berührung sollte nie ein gegen das Pferd gerichteter Schlag sein,** sondern einem Wurf ähneln, der «auf das Pferd herabfällt» und es streift. Ich treibe es so an, dass es entweder einen flotten Trab läuft oder in einen ruhigen Galopp fällt. Sollte es von sich aus im Galopp herumlaufen oder gar in schnellstem Tempo rennen, so verhalte ich mich im Zentrum des Round Pens absolut passiv, schaue es nicht intensiv und direkt an und warte, bis es ruhiger wird.

Wenn ich es animiere, im Round Pen herumzulaufen, habe ich mir eine Richtung vorgenommen und werde mich so verhalten, dass das Pferd nur in die gewünschte Richtung läuft. Sollte es selbstständig diese Richtung wechseln, so blockiere ich es durch Positionsveränderung und veranlasse es auf diese Weise, zu wenden.

Erst wenn das Pferd in geregeltem Tempo in eine Richtung läuft, baue ich «mentalen Druck» dadurch auf, dass ich mein Rope intensiver schwinge. Als Resultat sollte das Pferd etwas beschleunigen. Dann reduziere ich den «mentalen Druck» durch ruhigeres Schwingen, bzw. stelle es komplett ein. Als Resultat sollte das Pferd ruhiger laufen und verlangsamen. Diese Prozedur wiederhole ich einige Male, bis das Pferd sofort deutlich langsamer wird, sobald ich Druck abbaue. Nach einer solchen Reaktion gehe ich aus der Mitte rückwärts zum dem Pferd gegenüberliegenden Bereich des Round Pens und verharre dort an der Einzäunung. Läuft das Pferd dennoch weiter, so gehe ich wieder zur Mitte und wiederhole die bisherige Routine.

Sollte das Pferd aber langsamer werden, anhalten oder zur Mitte hinkommen, mich ansehen und dort stehenbleiben, so ist das die gewünschte Reaktion. In diesem Falle verhalte ich mich eine halbe Minute bis zu einer Minute passiv. Sollte das Pferd seine Aufmerksamkeit von mir nehmen, in der Gegend herumschauen oder von mir weg loslaufen, so gehe ich wieder in die Mitte, baue sofort wieder in gewohnter Manier Druck auf, allerdings dirigiere ich es nun in die andere Richtung. Diese Routine wiederhole ich ohne Hektik ruhig, bis das Pferd anhält und sich mir zuwendet, sobald ich Druck abbaue. Nun gehe ich hin und wieder zum Pferd, um es an Hals, Brust und Kopf sanft zu reiben. **Ich lasse es aber nur zur Mitte kommen, wenn ich diesen Bereich zuvor durch Rückwärtsgehen «freigegeben» habe.**

Ist das Pferd zum wiederholten Mal zum Halt gekommen, gehe ich mit einigen Metern Abstand auf einem Halbkreis vor dem Pferd hin und her. Folgt es mir mit dem Blick, der Kopf wendet sich mit, so habe ich seine volle Aufmerksamkeit. Wendet es sich sogar, um mir mit dem Blick folgen zu können, so ist das um so besser. Sollte es sich abwenden oder sich fortbewegen, so treibe ich es sogleich wieder an.

Ich bestimme, wo es sich **nicht** aufhalten soll. Es wird systematisch mit dem Prinzip von Druck und Nachgiebigkeit, Diskomfort-Zone und Komfort-Zone als Grundlage unserer Beziehung vertraut gemacht.

Pro Trainingssequenz beschränke

Im Round Pen lege ich die Regeln für die Beziehung zwischen mir und dem Pferd fest. Ich erhebe territorialen Anspruch auf die gesamte Innenfläche und überlasse dem Pferd nur die Zone am Rand.
Mein Ziel ist es, durch Positionierung und Körperhaltung Richtung und Tempo des Pferdes zu beeinflussen und zu bestimmen.

Sollte das Pferd die Außenzone im Round Pen verlassen, die Richtung ändern oder sich nach außen über den Zaun orientieren, so steigere ich den «mentalen Druck» durch meine Aktionen. Um anzutreiben, ziele ich immer bewusst knapp hinter das Pferd oder auf seine Kruppe und berühre es eventuell dort mit dem Rope. **Eine Berührung sollte nie ein gegen das Pferd gerichteter Wurf oder Schlag sein,** sondern einem Wurf ähneln, der «auf das Pferd herabfällt» und es streift.

ich mich auf 20–30 Minuten. Je nach individueller Veranlagung der Pferde genügen in der Regel einige wenige Trainingseinheiten, bis ein Pferd prompt die gewünschten Verhaltensweisen zeigt. Sobald das der Fall ist, gehe ich zur nächsten Lektion über. Ich kehre zu dieser Übung in der folgenden Zeit nur zurück, wenn ein Pferd sich mir gegenüber **deutlich** unaufmerksam oder respektlos verhalten sollte.

> *Man sollte diese Prozedur nicht so forcieren, bis ein Pferd atemlos und erschöpft wird. Das Ziel ist nicht die körperliche Ermüdung.*
>
> *Vielmehr zeige ich ihm auf der Basis seiner Verhaltensmuster, dass ich derjenige bin, der agiert und das Territorium beansprucht. So gewinne ich seine Aufmerksamkeit und seinen Respekt.*
>
> *Gleichzeitig wächst das Vertrauen des Pferdes in mich, denn es kann mein Verhalten einordnen und «versteht» mich.*
>
> *Die Grundlagen der Verständigung sind geschaffen.*

Sobald mir das Pferd seine Aufmerksamkeit schenkt und langsamer wird, anhält und zur Mitte hinkommt, mich ansieht und dort stehenbleibt, so sind das gewünschte Reaktionen. In diesen Fällen verhalte ich mich eine halbe Minute bis zu einer Minute passiv. Sollte das Pferd seine Aufmerksamkeit von mir nehmen, in der Gegend herumschauen oder von mir weg loslaufen, so gehe ich wieder in die Mitte, baue sofort wieder in gewohnter Manier Druck auf, allerdings dirigiere ich es nun in die andere Richtung.

▶ **Lektion 2:**   ## Von der Selbstbestimmung zur Fremdbestimmung

Was soll das Pferd lernen?

Es soll lernen,
▶ *dass ich bestimme, wo es sich aufhält.*
▶ *systematisch nach einer bestimmten Komfortzone zu suchen,*
▶ *sich von mir an einen bestimmten Ort (Ziel) leiten oder dirigieren zu lassen,*
▶ *dass ich bestimme, wohin es gehen soll und wann das der Fall ist,*
▶ *Situationen zu akzeptieren, die es zunächst ablehnt,*
▶ *in Situationen, die ihm eigentlich fremd sind, zu entspannen.*

WIE LERNT ES DAS? ▶ Ich wende grundsätzlich das gleiche System an wie bei der ersten Lektion. Ich lege auf den Hufschlag an einer Stelle im Round Pen ein größeres Stück Plastikfolie (ca. zwei Quadratmeter), die aber durchtrittfest sein soll. Ich stelle mir vor, dass der Round Pen in vier Viertel eingeteilt ist. In einem Viertel liegt die Plastikfolie. Ich treibe das Pferd an, im Kreis herumzulaufen.

Für das Pferd ist der Bereich (Viertel), in dem der unbekannte Gegenstand auf dem Hufschlag liegt, zunächst die Diskomfort-Zone, da ihm die Folie fremd ist und ihm Angst macht. Die anderen drei Viertel der Runde sind in Relation dazu komfortabler. Es wird jedesmal einen Bogen nach innen beschreiben, wenn es die Stelle mit der Folie passiert, um nicht darauf treten zu müssen. Vielleicht macht es auch einen großen Satz über die Folie. Auch wird es in der Nähe der Folie sein Tempo deutlich beschleunigen.

Ich möchte im Zuge dieser Lektion seine Ablehnung der Folie gegenüber in Akzeptanz umwandeln. Zunächst vermittele ich ihm deshalb, dass drei Viertel der Arena zur Diskomfort-Zone gehören und das Viertel mit der Folie zur Komfort-Zone wird. Ich schwinge dazu das Rope mit größerer Intensität, solange das Pferd sich in den drei Vierteln bewegt, in denen kein Plastik liegt.

Ich vermindere die Intensität plötzlich und deutlich, sobald es das Viertel mit der Folie betritt. Ich zeige ihm damit, dass ich es dazu bringen kann, zu beschleunigen und zu verlangsamen. Nach einigen Runden sollte es langsamer werden, sobald es in das Folien-Viertel kommt. Ich unterstütze dieses Verhalten durch deutliche Veränderung in der Intensität der Rope-Bewegungen. Sollte es zum ersten Mal in dem «Folien-Viertel» anhalten, stelle ich alle Aktivitäten sofort ein. Ich verhalte mich passiv,

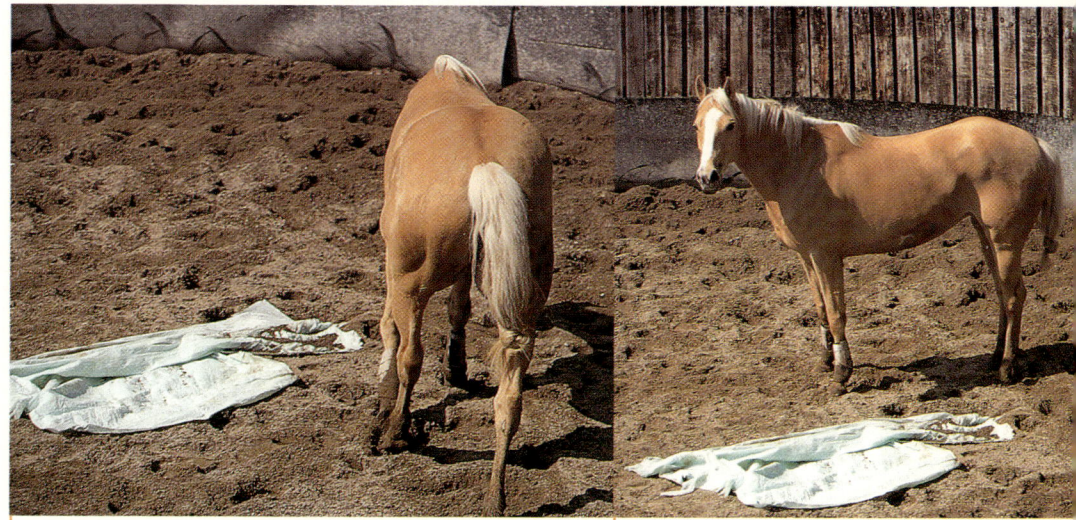

Immer wenn das Pferd in die Nähe der Plastikfolie kommt, reduziere ich den mentalen Druck, der durch die Art, wie ich das Rope schwinge, entsteht. Nach einigen Runden sollte es langsamer werden, sobald es in die Nähe der Folie kommt. Immer wenn das Pferd in die Nähe der Plastikfolie kommt, reduziere ich den mentalen Druck, der durch die Art, wie ich das Rope schwinge, entsteht. Nach einigen Runden sollte es langsamer werden, sobald es in die Nähe der Folie kommt.

Sobald es zum ersten Mal in der unmittelbaren Nähe der Folie stehen bleibt, stelle ich alle Aktivitäten sofort ein und verhalte mich passiv, bis es sich wieder in Bewegung setzt oder sich abwendet. Dann treibe ich es sofort wieder an.

Als Resultat dieser Prozedur kommt es früher oder später zu der Erkenntnis, dass es angenehmer ist, die Nähe der Folie zu akzeptieren und dort zu verharren, als getrieben zu werden. Es beginnt dann, der Folie zustreben, sobald ich ihm Gelegenheit dazu gebe.

Sehr bald wird sich seine ursprüngliche Skepsis und Ablehnung, der Folie gegenüber ins Gegenteil kehren. Es wird nun Interesse für die fremde Situation zeigen. Neugierig aber vorsichtig will es herausfinden, was es von dem fremden Gegenstand zu halten hat.

bis es sich abwendet oder wieder losläuft. Dann treibe ich es umgehend wieder an. Dieser Ablauf wiederholt sich etliche Male. Als Resultat dieser Prozedur kommt es früher oder später zu der Erkenntnis, dass es angenehmer ist, die Nähe der Folie zu akzeptieren und dort zu verharren, als getrieben zu werden. Es beginnt dann, der Folie zustreben, sobald ich ihm Gelegenheit dazu gebe.

Damit habe ich ein wichtiges Etappenziel im Rahmen dieser Lektion erreicht. Die ursprüngliche Skepsis und Ablehnung, die jedes Pferd instinktiv zunächst unbekannten Situationen gegenüber zeigt, kehre ich durch geschicktes agieren ins Gegenteil um. Auf dieses Ritual kann ich auch im späteren Ausbildungsgang auch dann

zurückgreifen, wenn ich einmal überraschend und unvorbereitet in Situationen gerate, die dem Pferd fremd sind oder die es ablehnt. In unserem Übungsablauf haben wir mit seiner Verhaltensänderung den Punkt erreicht, wo es gezieltes Interesse für die fremde Situation zeigt. Neugierig aber vorsichtig will es herausfinden, was es von dem fremden Gegenstand zu halten hat. Ich reduziere den Druck entsprechend, sobald es sich schnuppernd mit tiefer Nase der Folie nähert. Es wird die Folie mit der Nase berühren, vielleicht sogar vorsichtig mit einer Hufspitze an der Folie scharren. Die wird sich bewegen und die meisten Pferde wenden mit einem Satz ab und laufen davon. Ich aktiviere den Druck sofort, um es wieder zu motivieren, sich sofort mit der Folie zu befassen.

Ziel meiner Aktivitäten ist es, so zu agieren, dass es sich entscheidet, zumindest einen Fuß auf die Folie zu setzen. Geschieht das, so beende ich die Lektion für dieses Mal. Ich wiederhole diese Übung in weiteren Sequenzen, bis ich in der Lage bin, das Pferd umgehend zu Folie zu dirigieren und es sich bereitwillig darauf stellt und auch entspannt darauf verharrt.

Ich kann die Folie mit der Zeit an wechselnde Plätze im Round Pen legen, durch andere Materialien ersetzen und darauf hin wirken, dass es sich sofort dorthin begibt und sich darauf stellt, wenn ich es dazu anleite.

Mit dieser Lektion hat das Pferd gelernt, sich von mir zu einem gedachten Ziel dirigieren zu lassen, seine Furcht davor zu überwinden und sich bewusst damit auseinander zu setzen. Es macht die Erfahrung, dass es nicht nachteilig oder gefährlich ist, sich von mir auch in unbekannte Situation hinein oder hindurch dirigieren zu lassen. Es wird zukünftig nicht mehr nur von seinem Fluchtinstinkt gesteuert reagieren, sondern sich an mir orientieren. Es lernt, dass es mir Vertrauen kann und sein Selbstvertrauen verbessert sich wesentlich.

> *Sein grundsätzliches Verständnis und seine Akzeptanz dafür, sich später lenken und leiten zu lassen und das Tempo zu variieren, sind mit dieser Lektion geschaffen.*

Bald wird es seine Furcht überwinden, und auch auf die Folie treten. Es macht die Erfahrung, dass es nicht nachteilig oder gefährlich ist, sich von mir auch in unbekannte Situation hinein oder hindurch dirigieren zu lassen.

▶ Lektion 3:   Nachgiebigkeit und Entspannung

Was soll das Pferd lernen?

In dieser Lektion soll das Pferd lernen, den direkten Kontaktdruck am Körper zu akzeptieren, mit einzelnen Körperteilen nachzugeben und zu entspannen. Ich möchte seinen vorhandenen Gegenreflex auf Körperdruck umwandeln in selbstverständliche, gewohnheitsmäßige Nachgiebigkeit.

Es soll lernen:

▶ *den direkten Kontakt am Körper zu akzeptieren, ohne sich zu entziehen, ihn abzuschütteln oder dagegen zu drücken oder zu ziehen,*

▶ *dass körperliche Nachgiebigkeit mit Muskelentspannung einher geht,*

▶ *mir zu vertrauen und zu entspannen,*

▶ *mit bestimmten Körperbereichen oder -teilen nachzugeben,*

▶ *Nachgiebigkeit auch in Beinbewegung umzusetzen.*

WIE LERNT ES DAS? ▶ Während ich an Lektion 1 und 2 arbeite, nutze ich die Ruhepausen, während das Pferd still steht und verharrt, gehe zu ihm hin, liebkose es mit kräftig reibender Handfläche oder den Fingerkuppen. Ich beschränke mich dabei zunächst auf Kopf, Hals und Brust. Mit der Zeit dehne ich diese Liebkosungen auf den ganzen Körper aus. Sollte sich das Pferd aber an mir reiben wollen, so schiebe ich es konsequent und bestimmt in seine Ausgangssituation zurück. Dieses Vorgehen führt dazu, dass es sich bei Berührungen entspannt und seine Muskeln lockerer werden. Ich lege auch eine Hand hinter den Ohren auf das Genick des Pferdes oder drücke dort behutsam, aber bestimmt mit Daumen und Zeigefinger, bis es sich in der Halsmuskula-tur entspannt und den Kopf senkt. Beim leichtesten Ansatz von Entspannung und Nachgiebigkeit reduziere ich den Druck oder nehme die Hand komplett fort.

Danach stelle ich mich in Sichtrichtung neben das Pferd, lege meinen Arm über seinen Hals, lege meine flache Hand an die Seite seines Kopfes und drücke mit der Handfläche, bis es mit dem Kopf vom Druck weg nachgibt. Hier lasse ich bei der geringsten Nachgiebigkeit sofort nach, um dann erneut wieder etwas Druck aufzubauen und bei entsprechender Nachgiebigkeit wieder nachzulassen. Das Pferd wird so seinen Hals um meinen Körper biegen. Ich achte darauf, keinen Dauerdruck aufzubauen. Ich halte aber sofort dagegen, sollte es versuchen, in die

Ich lege eine Hand hinter den Ohren auf das Genick des Pferdes oder drücke dort behutsam, aber bestimmt mit Daumen und Zeigefinger, bis es sich in der Halsmuskulatur entspannt und den Kopf senkt.

Beim leichtesten Ansatz von Entspannung und Nachgiebigkeit reduziere ich den Druck. Ich wiederhole diese Übung, bis das Pferd sich komplett unter meiner Hand entspannt und den Kopf fast bis zum Boden absenkt.

Danach stelle ich mich in Sichtrichtung neben das Pferd, lege meinen Arm über seinen Hals, lege meine flache Hand an die Seite seines Kopfes und drücke mit der Handfläche, bis es mit dem Kopf vom Druck weg seitlich nachgibt.

Mit Impuls-Druck der flachen Hand an der Kopfseite motiviere ich das Pferd, seine Halsmuskeln immer mehr zu entspannen und zu dehnen. Es lernt so, vertrauensvoll und entspannt von meiner Hand geführt, seinen Kopf komplett herum zu nehmen, ohne Muskelwiderstand zu leisten.

Für die folgende Übung lege ich dem Pferd die Schlinge meines Ropes um den Hals und gehe auf eine Distanz von mindestens fünf Metern. Ich spanne das Seil vorsichtig und warte die Reaktion ab.

Gibt es zum ersten Mal mit dem Körper durch Gewichtsverlagerung nach oder setzt gar ein Vorderbein in meine Richtung, so ist das der Moment, in dem ich sofort komplett mit dem Rope nachgebe und es locker lasse.

Ausgangsposition zurückzukommen. Ich kann das zwar nicht verhindern, werde aber so lange mit Impulsdruck einwirken, bis es den Hals wieder biegt und in dieser Biegung entspannt, erst dann nehme ich die Hand weg und erlaube ihm, sich gerade zu richten. Es lernt, in einzelnen Körperbereichen dem Druck nachzugeben, sich zu entspannen und erst wieder die Ausgangsposition einzunehmen, wenn begrenzender Druck nicht mehr vorhanden ist.

Für die Folgeübung lege ich ihm die Schlinge meines Ropes um den Hals und gehe auf eine Distanz von mindestens fünf Metern. Ich stelle mich nicht genau gerade vor ihm auf, sondern in einem Winkel von vielleicht 15 Grad seitlich versetzt. Ich spanne das Seil bis es am Hals auf die Schlinge so viel Druck überträgt, dass das Pferd ihn deutlich spürt, und halte diesen Druck konstant, ohne weiter zu ziehen. Die Schlinge darf sich nicht so sehr zuziehen, dass die Atmung des Pferdes beeinträchtigt wird. Es ist eine normale Reaktion, wenn das Pferd bei diesem Seilkontakt gegenhält oder gar rückwärts zieht. Ich lasse dann nicht etwa los oder ziehe meinerseits, sondern versuche, den

Wiederhole ich diese Vorgehensweise, so wird sich der anfängliche «Verspannungsreflex» in Nachgiebigkeit wandeln. Nach einer Weile sollte es mir möglich sein, das Pferd durch leichte Druckimpulse zu veranlassen, Schritt für Schritt nachgiebig zu reagieren und in meine Richtung zu kommen.

Auch bei Berührung mit dem Seil am Kopf sollte es weich und sensibel nachgeben. Es lernt so, dem Druck der später von der Zäumung übertragen wird, automatisch nachzugeben.

Druck exakt konstant zu halten, bis es zum ersten Mal mit dem Körper durch Gewichtsverlagerung nachgibt oder gar ein Vorderbein in meine Richtung setzt. In diesem Moment gebe ich sofort komplett nach. Wiederhole ich diese Vorgehensweise, so wird sich der anfängliche «Verspannungsreflex» in Nachgiebigkeit wandeln. Nach einer Weile sollte es mir möglich sein, das Pferd durch leichte Druckimpulse zu veranlassen, Schritt für Schritt zu reagieren.

Verändere ich den Winkel, mit dem der Druck durch das Rope auf den Pferdehals übertragen wird, so sollte es entweder das linke oder das rechte Vorderbein bewegen.

Es hat jetzt gelernt, dem Druck nachzugeben und in Beinbewegung umzusetzen.

▶ **Lektion 4:**   **Verständigung durch Druckimpulse**

Was soll das Pferd lernen?

Es soll lernen,

▶ *dass Druck und vor allem Druckimpulse der Verständigung dienen.*

▶ *dass vermittels Druck oder Druckimpulsen Grenzen aufgezeigt und diverse Bewegungsreaktionen gefordert werden.*

▶ *dem Druckimpuls generell mit dem Körper auszuweichen.*

▶ *dass vermittels Druckimpulsen die Forderung für vorwärts, rückwärts und seitwärts Ausweichen übermittelt wird.*

Das Pferd lernt in dieser Lektion, auf Druckimpulse an verschiedenen Körperbereichen durch Nachgiebigkeit oder Weichen zu reagieren.

Mit der Seilverbindung zur Halsschlinge halte ich Kontakt, während ich mit dem aufgerollten Teil des Rope gegen die Kruppe oder Hinterhand des Pferdes tippe. Ich steigere die Intensität dieser Impulse, bis das Pferd mit der Hinterhand ausweicht. Sobald diese Reaktion eintritt, werde ich passiv, lasse einige Zeit verstreichen und wiederhole den Vorgang.

WIE LERNT ES DAS? ▶ Ich lege ihm wieder die Schlinge meines Seiles locker um den Hals, halte eine kurze Verbindung mit dem Seil und bewege mich an der Pferdeseite in Richtung seiner Kruppe, wobei ich ihm zugewandt bin. Mit den Windungen vom aufgerollten Rest des Seiles in der anderen Hand tippe ich mit ansteigender Intensität gegen seine Kruppe, bis es seitlich ausweicht. Das Pferd dreht sich dabei langsam um seine Mittelachse. Ich praktiziere diese Übung ohne Hektik auf beiden Seiten, bis es für das Pferd selbstverständlich ist, bei Druckimpulsen im hinteren Bereich mit seiner Hinterhand zu weichen. Danach stelle ich mich seitlich vor dem Pferd auf und tippe ihm mit dem aufgerollten Rope gegen die Brust, bis es einen Schritt rückwärts weicht. Sofort kommt dann das Komfort-Angebot: ich gebe keine Impulse mehr und lasse es verharren. Nach einer kleinen Pause wiederhole ich die Prozedur, bis es mir möglich ist, es durch leichtes Antippen gegen die Brust dazu zu veranlassen, Schritte für Schritt rückwärts zu gehen. Sollte es mehrere Schritte machen, so sage ich ihm das Kommando «Whoa» und baue kurz Druck auf die Halsschlinge auf. Damit begrenze ich die Rückwärtsbewegung. Es hat nun gelernt, dass mittels Druckimpulsen Bewegungen abgefordert werden und Grenzen aufgezeigt werden können.

Ich möchte dem Pferd vermitteln, auf Impulsdruck hin rückwärts zu weichen. Dafür stelle ich mich seitlich vor dem Pferd auf und tippe es mit ansteigender Intensität mit dem aufgerollten Rope gegen die Brust, bis es einen oder mehrere Schritte rückwärts weicht. Sobald es sich wie gewünscht bewegt, werde ich passiv. In der Wiederholung tippe ich es an der Brust so dosiert an, dass es mir möglichst nur einen Schritt rückwärts weicht. Sollte es mehrere Schritte tun wollen, so baue ich beim ersten Druck auf die Halsschlinge auf und stoppe damit die Rückwärtsbewegung.

▶ **Lektion 5:**   **Fencing – Verständigung durch Druckimpulse am Kopf**

Was soll das Pferd lernen?

Es soll lernen,

- ▶ *dass Druck und vor allem Druckimpulse am Kopf der Verständigung dienen.*
- ▶ *dass vermittels Druck oder Druckimpulsen Grenzen aufgezeigt und diverse Bewegungsreaktionen gefordert werden. Es lernt die Kommandos «Whoa» und «Turn».*
- ▶ *dem Druckimpuls mit dem Kopf nachzugeben,*
- ▶ *dass vermittels Druckimpulsen auf das Halfter die Bewegungsabläufe beeinflusst werden,*
- ▶ *dass der Bewegungsradius eingegrenzt wird,*
- ▶ *dass das Kommando «Whoa» Anhalten bedeutet,*
- ▶ *dass das Kommando «Turn» eine Wendung um die Hinterhand bedeutet,*
- ▶ *dass es auch außerhalb des Round Pen Direktiven von mir annehmen muss.*

Ich stelle mich mit dem Rücken zur Umzäunung auf. Das Pferd soll in einem Halbkreis vor mir von Zaun zu Zaun laufen.

Jedes Mal wenn das Pferd zur Umzäunung kommt, sage ich kurz vorher «Whoa». Der Zaun versperrt ihm den Weg nach vorne.

WIE LERNT ES DAS? ▶ Ich arbeite mit dem Pferd zunächst im Round Pen. Ich habe es mit Halfter und langem Führseil oder einem Rope am Halfter und Streifgamaschen an den Vorderbeinen ausgerüstet. Bei unsensiblen oder ignoranten Pferden habe ich um das Nasenteil des Halfters eine Führkette gelegt, um die Wirkung des Halfters zu verdeutlichen. Ich stelle mich mit dem Rücken zur Umzäunung des Round Pens auf und lasse das Pferd im Halbkreis vor mir laufen. Mein Führseil ist etwa sieben bis acht Meter lang. Jedesmal, wenn das Pferd zur Umzäunung kommt, sage ich kurz vorher «Whoa». Der Zaun versperrt ihm den Weg nach vorn, will es von mir weg seitlich ausweichen, so kann ich das durch Druckkontakt auf das Halfter mittels Zugimpulsen verhindern,

will es zu mir hin ausweichen, so versperre ich ihm den Weg durch meine Positionierung und baue zusätzlich mentalen Druck durch energisches Schwingen mit dem Seilende auf. Manchmal kann es zunächst nötig sein, auch massiver zu werden, um den eigenen territorialen Anspruch zu bekräftigen. In einem solchen Fall werfe ich das aufgerollte Ende des Rope oder Leitseils in Richtung Schulter oder klatsche es mit dem Seilende an die Schulter. Ich zeige damit deutlich die Grenze zwischen ihm und mir auf.

Nachdem es weder vorwärts noch seitwärts von mir fort und zu mir hin kann, bleibt ihm nichts anderes übrig, als zu verharren und abzuwarten.

Als nächstes möchte ich, dass es eine 180 Grad Wendung um die

Sollte es zu mir hindrängen oder wenden wollen, so hindere ich es durch Schwingen mit dem Seilende in Richtung seiner Schulter daran. Sollte es sehr stürmisch und unaufmerksam sein, so agiere ich zu Anfang sehr energisch. In diesem Fall werfe ich das aufgerollte Rope in seine Richtung, um mir Respekt zu verschaffen.

Will es von mir weg seitlich ausweichen, so kann ich das durch Druckkontakt auf das Halfter verhindern.

Nachdem es weder vorwärts noch seitwärts von mir fort und zu mir hin kann,
bleibt ihm nichts anderes übrig, als zu
verharren und abzuwarten. Ich warte,
bis es entspannt ist und seine Aufmerksamkeit auf mich richtet, bevor ich die
Wendung einleite.

Für die Durchführung der Wendung ist meine exakte
Körperpositionierung sehr wichtig. Wenn das Pferd
nach links zum Zaun läuft, nehme ich das Seil in die
linke und das Seilende in die rechte Hand. So kann ich
mit dem Seilende zum Rumpf schwingend auf die
Distanz einwirken. Nachdem das Pferd angehalten hat
und ruhig am Zaun steht, nehme ich das Seil in die
andere Hand. Das Pferd soll nun eine 180 Grad Wendung um die Hinterhand in meine Richtung ausführen. Danach soll es auf dem Halbkreis wieder in die
andere Richtung laufen. Mit dem Kommando «Turn»
kündige ich die Wendung an, dirigiere das Pferd zu
mir, um es mit dem schwingenden Seilende wieder auf
den Halbkreis zu treiben.

Hinterhand in meine Richtung
ausführt und vollendet, so dass es
auf dem Halbkreis wieder in die
andere Richtung läuft. Dazu sage
ich «Turn» als Ankündigungskommando, stelle mich dicht an den
Zaun und dirigiere es mit Zupfern
am Halfter zu mir hin. Wenn es
etwa 90 Grad der Wendung durchgeführt hat, schwinge ich das Seilende mit dem zum Zaun gewand-
ten Arm, so dass zwischen Pferd
und Zaun Schwingungsdruck auf-
baut wird. Meine exakte Körperpositionierung ist dabei sehr wichtig.
Läuft das Pferd nach links und

kommt zum Zaun, so halte ich in
Vorbereitung der Wendung das
Seil in der rechten Hand und das
Seilende in der linken, läuft das
Pferd nach rechts, so ist es umge-
kehrt.

Zu Beginn der Übung kann es
besonders bei stürmischen Pferden
notwendig sein, sie energisch daran zu hindern, selbständig am
Zaun zu wenden oder seitlich aus-
zubrechen. Nach einiger Zeit,
wenn das Pferd das System, das
dieser Übung zugrunde liegt, er-
kannt hat, sollte es deutlich ruhiger und überlegter reagieren. Es

Es kann nötig sein, einen Schritt in Richtung der Schulter des Pferdes zu machen, um den Druck noch zu steigern und es zu einer engen und flüssigen Wendung zu animieren.

Sobald das Pferd den Ablauf der Übung begriffen hat, sollte es ruhiger und entspannter reagieren. Ich strebe an, dass es bald im lockeren Trab arbeitet, sich entspannt und seine Beintechnik während des Anhaltens und des Wendens stetig verbessert.

wird sich dann jeweils für das Anhalten und Wenden vorbereiten, seine Balance und seine Körperkoordination sollten sich stetig verbessern. Wenn diese Übung im Round Pen gut funktioniert, wiederhole ich sie in den folgenden Trainingssequenzen auch auf einem normal eingezäunten Reitplatz. Mit zunehmender Routine kann ich ganz vom Zaun fortbleiben und das Pferd lässt sich auf der freien Fläche in Achterfiguren oder auf Kreisen am langen Seil dirigieren, ohne am Leitseil zu zerren oder den Abstand zu mir zu

verringern. Es hält an, sobald es «Whoa» hört und wendet bei «Turn».

Diese Übung schafft auch die Grundlagen eines geregelten, harmonischen Umgangs mit dem Pferd, wenn wir es am Halfter führen oder longieren wollen.

▶ *Meine jeweiligen, rechtzeitig gegebenen verbalen Kommandos haben den Charakter einer «Ankündigung», nicht den eines Befehls. Mit der Zeit lernt das Pferd, reflexiv auf diese Ankündigungskommandos zu reagieren.*

▶ Lektion 6:   **Desensibilisierung und Druckakzeptanz**

Was soll das Pferd lernen?

Es soll lernen, dass es Druckeinwirkungen nicht nur nachgeben muss, sondern unter Umständen auch ohne Widerstand erdulden und akzeptieren muss.
Es lernt,

▶ *Berührungen oder Kontakt mit unbekannten Gegenständen zu akzeptieren (Satteldecke),*

▶ *einengende Körpereinflüsse zu tolerieren und zu akzeptieren (einengende Seilschlinge um den Rumpf, später Sattelgurt und Sattel),*

▶ *Einschränkung der Bewegungsfreiheit an den Beinen zu dulden.*

WIE LERNT ES DAS? ▶ Für diese Lektion lege ich dem Pferd ein Halfter an und verwende ein langes Führseil.

Mit einer Hand halte ich locker (nie mit festem Zug) das Führseil, mit der anderen halte ich eine Satteldecke. Zunächst lasse ich das Pferd an der Decke riechen, dann reibe ich es behutsam damit am Kopf, bis es keine Zeichen von Ablehnung oder Skepsis zeigt. Vom Kopf arbeite ich mich über Hals, Rumpf und Kruppe bis zu den Sprunggelenken weiter vor. Das Führseil bleibt locker. Sollte das Pferd seinen Standort verlassen, so reibe ich weiter, bis es wieder stillsteht, und höre erst dann kurz auf. Ich führe diese Maßnahme auf beiden Seiten durch, bis das Pferd ruhig und entspannt stehenbleibt. Mit ruhigen Bewegungen schwinge ich dann die

Zunächst reibe ich den Pferdekopf behutsam an allen Bereichen von der Nase über die Stirn bis zu den Ohren mit einer Satteldecke oder ähnlichem ab. Es ist wichtig, dabei behutsam vorzugehen, um nicht Widerstände oder Ablehnung zu verursachen.

Satteldecke unter den Bauch und über den Rücken. Sollte das Pferd ausweichen, so schwinge ich die Decke weiter, stoppe es eventuell mit einem kurzen Ruck am Halfter und höre erst auf, wenn es ruhig steht.

Als nächste Maßnahme lege ich dem Pferd eine Seilschlinge um den Brustkasten, dort wo später Sattel und Gurt Druck verursachen werden. Ich baue langsam Druck auf die Schlinge auf und lasse wieder nach. Achtung! Die weitere Durchführung dieser Lektion erfordert Erfahrung und ist für Laien nicht zur Nachahmung empfohlen.

Ich lasse das Pferd nun im Kreis am langen Führseil um mich herumlaufen. Langsam baue ich etwas Druck auf das Körperseil auf, so dass die Schlinge sich zuzieht. Sollte das Pferd sich verspannen oder gar einen Bocksprung ma-

Vom Kopf arbeite ich mich über den ganzen Körper bis zu den Hinterbeinen mit ruhigen, reibenden Bewegungen vor.

chen, so halte ich dosiert den Druck aufrecht, bis es sich wieder ruhig bewegt, und lasse dann nach. Ich wiederhole diese Übung, bis auch plötzlicher Druck der Schlinge im Schritt oder Trab keine Abwehrreaktionen mehr auslöst. Durch die Laufbewegung

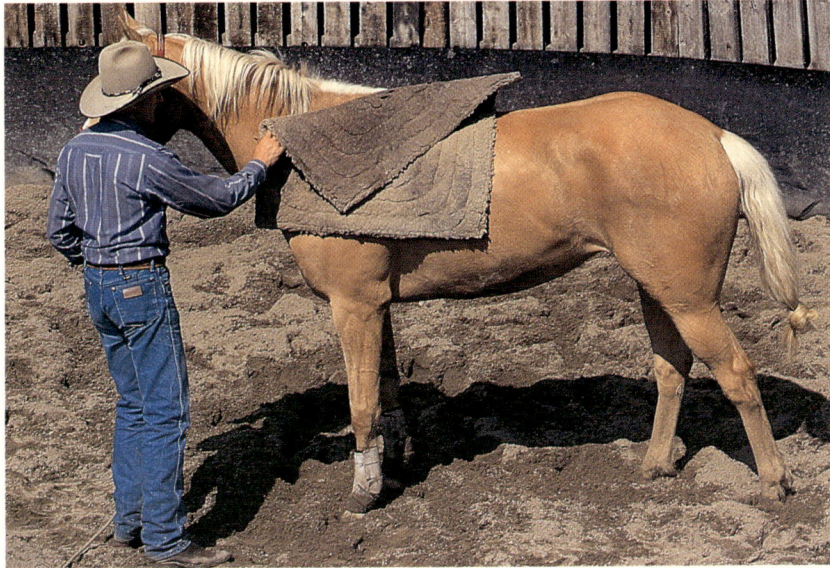

Mit ruhigen Bewegungen schwinge ich dann die Satteldecke unter den Bauch und über den Rücken.

In dieser Übung lernt das Pferd den Druckkontakt eines Gegenstandes am Körper zu dulden und nicht davor wegzulaufen oder dagegen anzukämpfen. Mit einem Seil oder einer Rope-Schlinge baue ich durch Annehmen und Nachgeben Druck im Bereich des Brustkastens auf, dort wo später Sattel und Sattelgurt liegen. Diese Einwirkungen kann man am stehenden Pferd praktizieren. **Achtung! Die weitere Durchführung dieser Lektion erfordert Erfahrung und ist für Laien nicht zur Nachahmung empfohlen.**

Dazu lasse ich das Pferd dann im Kreis am Führseil laufen und habe ihm mit dem Rope eine Schlinge um den Rumpf in Höhe von Gurt- und Sattellage gelegt. Langsam baue ich etwas Druck auf das Körperseil auf, so dass die Schlinge sich zuzieht. Sollte das Pferd sich verspannen oder gar einen Bocksprung machen, so halte ich dosiert den Druck aufrecht, bis es sich wieder ruhig bewegt und lasse dann nach. Ich kann so das Pferd in der Bewegung und in allen Gangarten mit den Empfindungen vertraut machen, die es später beim Satteln auch erfährt. Allerdings kann ich die Drucksituation am Körper mit dem Seil regulieren.

Nach ersten Abwehrreaktionen sollte das Pferd dem sehr deutlichen Zug bzw. Druck des Seiles keine Abwehr mehr entgegensetzen, sondern sogar nachgeben.

Um ein Pferd für die Arbeit an der Doppellonge vorzubereiten, hänge ich ein dickes, geflochtenes Baumwollseil von einigen Metern Länge an den Sattel, so dass auf beiden Seiten die Enden hinterherschleifen. Damit lasse ich es im Kreis gehen.

kann die Schlinge bis zu den Flanken zurückrutschen, in diesem Fall lasse ich das Pferd halten und platziere sie wieder weiter vorn. Mit der Zeit sollte das Pferd dem sehr deutlichen Zug bzw. Druck des Seiles keine Abwehr mehr entgegensetzen, sondern sogar nachgeben, d. h. den Standort in meine Richtung um einen Schritt verändern. Es hat nun gelernt, gegenüber plötzlichem Körperdruck am Rumpf tolerant zu werden, ihn zu akzeptieren und ihm nachzugeben.

Mit dem nächsten Lernschritt beziehe ich die Beine des Pferdes mit ein. Wieder habe ich das Pferd am Halfter mit langem Führseil.

Ich lege eine Schlinge um die Fessel eines Beines, nehmen wir an, es ist das rechte Vorderbein. Langsam steigere ich den Druck auf das Seil. Dabei achte ich sorgfältig darauf, dass der Druck nur in die natürliche Bewegungsrichtung des jeweiligen Beines aufgebaut wird. Sobald das Pferd auch nur den Huf hebt, gebe ich nach. Graduell soll es

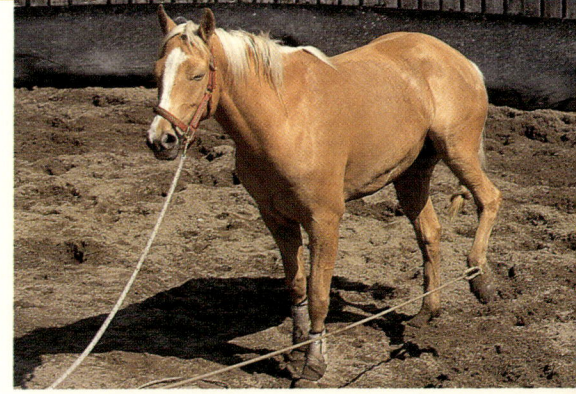

Um das Pferd für Berührungen an den Beinen vorzubereiten und die Nachgiebigkeit zu schulen, lege ich eine Schlinge um die Fessel eines Beines. Vorsichtig steigere ich den Druck auf das Seil. Dabei darf ich nur in Richtung der natürlichen Bewegungsrichtung des jeweiligen Beines einwirken. Zeigt das Pferd gegen die Berührung Abwehrreaktionen, so halte ich eine beständige Verbindung zum Bein aufrecht. Gibt das Pferd in meine Richtung nach, so mildere ich den Druck. Versucht es sein Bein von mir weg zu ziehen, so halte ich dagegen. Ich ziehe aber niemals aktiv das Bein vor.

Sobald das Pferd sein Bein auch nur kurzfristig entspannt, gebe ich nach und lasse es den Huf absetzen. Ich praktiziere diese Übung mit allen vier Beinen, bis das Pferd mit selbstverständlicher Gelassenheit und entspannter Nachgiebigkeit reagiert.

Graduell sollte es mir während der Wiederholung dieses Kontaktdruckes den Huf etwas in Zugrichtung bewegen und dann absetzen.
Nach einigen Wiederholungsübungen sollte das Pferd bei Zugkontakt seinen Hinterhuf heben, vorsetzen und sich mit dem ganzen Körper vorbewegen, bevor es ihn absetzt und entspannt.

Zum ersten Satteln stelle ich das Pferd mit Halfter und langem Führseil in der Mitte des Round Pen auf; dort habe ich schon Sattel und Satteldecke deponiert. Ich lege die Satteldecke auf seinen Rücken und anschließend auch den Sattel. Durch die Vorübungen vorbereitet, sollte es dabei ruhig und entspannt bleiben.

Nachdem ich sehr vorsichtig gegurtet habe, treibe ich das Pferd zum Schritt im Kreis an und halte Kontakt mit dem Führseil. Damit wirke ich auf eine kontinuierliche Kreisbewegung ein. Geht das Pferd auf einer gebogenen Linie, so fällt es ihm leichter, sich zu entspannen oder Muskelblockaden zu lösen. Nachdem es im Schritt relativ frei und unverkrampft geht, lasse ich es antraben.

mir während der Wiederholung dieses Kontaktdruckes den Huf etwas in Zugrichtung bewegen und dann absetzen. Ich praktiziere diese Übung mit allen vier Beinen, bis das Pferd mit selbstverständlicher Gelassenheit und Nachgiebigkeit reagiert und entsprechend den Druckimpulsen, die es vom Seil fühlt, sein Bein vorsetzt.

Nun stelle ich das Pferd mit Halfter und langem Führseil in der Mitte des Round Pen auf, dort habe ich schon Sattel und Satteldecke deponiert.

Ich lege die Satteldecke auf seinen Rücken und anschließend auch den Sattel. Durch die Vorübungen vorbereitet, sollte es dabei ruhig und entspannt bleiben. Ich spanne den Sattelgurt sehr langsam und vorsichtig. Bevor ich das Pferd antreibe, sich zu bewegen, stelle ich sicher, dass

Nach meiner Erfahrung kommt es häufig nur beim Übergang vom Trab zum Galopp zu einigen Bocksprüngen. Solange es dabei bei einigen Bucklern bleibt, reagiere ich gar nicht, sondern warte ab, bis die vorbei sind.

Erst wenn ein Pferd in allen Gangarten und auch bei Richtungsänderungen locker und gelassen ohne Verspannungen oder Bocksprünge reagiert, ist es für die nächste Übung bereit.

Es ist wichtig, dass ein Pferd lernt, fremdartige Gegenstände und Berührungen am Körper zu erdulden. Dazu gehört auch, es mit ungewöhnlichen Situationen rechtzeitig vertraut zu machen. Die Berührung oder der Kontakt mit Plastik ist für viele Pferde sehr problematisch. Geruch, Geräusch und Gefühl dieses unnatürlichen Materials ist dem Pferd fremd, da es in seiner natürlichen Umgebung nicht vorkommt.

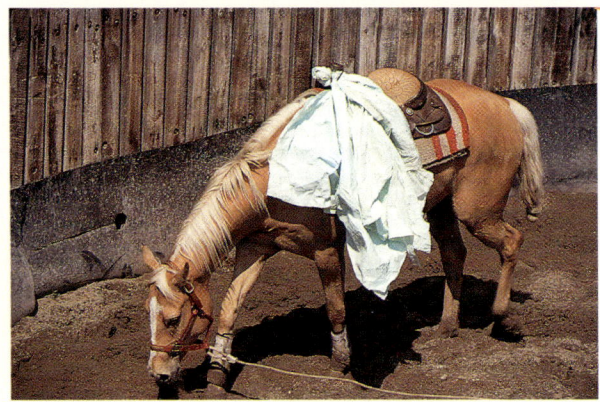

Nach dem das Pferd die Berührung mit Plastik aus meiner Hand akzeptiert, hänge ich eine Decke, ein Stück Plastik oder ähnliches an den Sattel. Bei sensiblen Pferden kann das einige Zeit, eventuell mehrere Trainingssequenzen dauern, bis die entspannte Akzeptanz erreicht wird. **Ich vermeide unter allen Umständen, dass das Pferd in Angst oder Panik versetzt wird und wild davon stürmt, wenn es diese Fremd**körper am Sattel hat.
Sollte davon stürmen wollen, so bringe ich es mit einigen Rucken zum Halt, bevor es in wildem Tempo rennen kann. Ich nehme den Femdkörper vom Sattel ab und bleibe noch etwas länger in den Vorübungen, bevor ich es wieder versuche.

der Gurt fest genug ist. Der Sattel darf nicht verrutschen oder gar unter den Bauch des Pferdes rutschen, wenn es eventuell einige Bocksprünge machen sollte.

Ich treibe das Pferd zum Schritt im Kreis an und halte Kontakt mit dem Führseil. Damit wirke ich auf eine kontinuierliche Kreisbewegung ein. Geht das Pferd auf einer gebogenen Linie, fällt es ihm leichter, sich zu lösen. Auf einer Geraden ist die Wahrscheinlichkeit, dass es sich verspannt und losbockt, sehr viel größer.

Nachdem es im Schritt relativ frei geht, lasse ich es antraben. Erst beim Übergang vom Trab zum Galopp kommt es in der Regel zu einigen Bocksprüngen. Solange es bei einigen Bucklern bleibt, reagiere ich gar nicht, sondern warte, bis die vorbei sind, und treibe es dann zum flotten Galopp an. Sollte ein Pferd intensiver bocken wollen, so versuche ich, es durch zwei bis drei Rucke am

Halfter zu einem langsamen Tempo ohne Bocksprünge zu bringen, oder halte es an.

Ignoriert es diese Einwirkungen, so verhalte ich mich passiv, bis es aufhört zu bocken. Die Erfahrung hat gelehrt, dass von 10 Pferden eines auch nach dem ersten Satteln noch längere Zeit die Tendenz zeigt, zu bocken. Der Rest ist nach den ersten Minuten unverkrampft und bleibt auch so. Hat das Pferd den Sattel akzeptiert, so hänge ich ein dickes, geflochtenes Baumwollseil von einigen Metern Länge an den Sattel, so dass auf beiden Seiten die Enden hinterherschleifen, und lasse es damit im Kreis gehen. Es sollte als Folge der Vorübungen akzeptieren, dass das Seil es an den Beinen berührt. Keilt es aber danach aus oder läuft schneller, so lasse ich es gewähren und treibe es an. Es ist nur eine Frage der Zeit, bis es diese Situation auch akzeptiert. Als letzte Übung dieser Lektion hänge ich eine Decke, ein Stück Plastik oder ähnliches an den Sattel. Zuvor reibe ich das Pferd wieder beim Kopf beginnend mit diesem Fremdkörper auf beiden Seiten ab, bis es ruhig und gelassen steht. Bei sensiblen Pferden kann das einige Zeit, eventuell mehrere Trainingssequenzen dauern. Ich vermeide unter allen Umständen, dass das Pferd in Angst oder Panik versetzt wird und wild davonstürmt, wenn es diese Fremdkörper am Sattel hat. Ich wähle unterschiedliche Materialien, befestige sie am Sattel links, rechts und obendrauf, bis das Pferd mit großer Gelassenheit reagiert.

Selbstvertrauen durch Positiverfahrungen fördern

Die einzelnen Maßnahmen dieser Lektion sind ein wichtiger Bestandteil der Grundausbildung. Im Sprachgebrauch der Westernpferdeausbildung wird diese Phase das «Aussacken» genannt. In den zurückliegenden Jahren musste ich leider immer wieder erleben, wie dieser Ausbildungsbereich falsch interpretiert und auch falsch praktiziert wurde. Ich möchte an dieser Stelle deshalb noch einige Gedanken dazu ergänzen.

*Alle Maßnahmen und Ausbildungsschritte, die hier aufgezeigt werden, dienen stets dazu, dem Pferd dabei zu helfen, Ängste abzubauen und das Selbstvertrauen durch **Positiverfahrungen** zu fördern. Wer nicht mit dieser **Grundeinstellung** und mit entsprechendem **Fingerspitzengefühl** vorgeht, der kann genau das Gegenteil der beabsichtigten Ergebnisse bewirken. Sollten Sie Zweifel haben, ob Sie allen Reaktionen gewachsen sind, mit denen Ihr Pferd Sie konfrontieren könnte, so gehen Sie lieber in sehr kleinen Schritten und mit mehr Zeitaufwand durch diese Phase der Ausbildung.*

▶ Lektion 7:   **Immobilisieren und Geduld**

Was soll das Pferd lernen?

Es soll akzeptieren lernen,

▶ *dass es zeitweilig nicht nur kurzfristig in seiner Bewegungsfähigkeit eingeschränkt ist, sondern auch für längere Zeiträume.*

▶ *dass die Bewegungsfreiheit der Vorderbeine eingeschränkt wird.*

▶ *dass es komfortabler ist, still zu stehen, anstatt gegen solche Einschränkungen zu agieren.*

▶ *angebunden zu stehen und geduldig zu entspannen.*

WIE LERNT ES DAS? ▶ Ich hobble das Pferd zu diesem Zweck an den Vorderbeinen. Die Vorübungen aus Lektion 5 haben die Akzeptanz für Bewegungseinschränkung an den Beinen geschaffen.

Ich stelle das Pferd mit Halfter und Führseil in der Mitte des Round Pen auf. Seine Vorderbeine sind mit Gamaschen geschützt. Ich verbinde nun beide Vorderbeine mit einem breiten, geflochtenen Baumwollseil. Ich verwende Knoten, die ich mit einem Ruck sofort öffnen kann.

Der Abstand zwischen beiden Vorderbeinen ist etwa 20 cm. Ich begebe mich nun seitlich auf eine Distanz von etwa 5–7 Metern zum Pferd, das Führseil in der Hand haltend. Ich achte darauf, das Pferd nicht zu motivieren, sich zu bewegen. Sollte es ungeduldig werden, vorwärts gehen wollen, so kann es seine Vorderbeine nicht wie gewohnt setzen. Es wird straucheln. Entweder wird es einen oder mehrere, unsichere

▶ *Achtung, Hobbeln ist nicht zwingend nötig für die Ausbildung eines Pferdes. Es erfordert viel Erfahrung, will man keine Risiken für das Pferd eingehen. Niemand sollte ein Pferd hobbeln, wenn nicht alle Voraussetzungen für risikofreies Arbeiten gegeben sind! Man sollte ein Pferd immer erst durch entsprechende Übungen vorbereiten, bevor man ihm Hobbles anlegt. Ein Pferd, das richtig gehobbelt wurde und gelernt hat, mit dieser Situation stressfrei umzugehen, ist in seinem zukünftigen Leben weniger gefährdet. Es wird nicht mehr panikartig reagieren, wenn es einmal zufällig in eine Situation kommt, in der seine Bewegungsfähigkeit eingeschränkt wird.*

Sprünge vorwärts machen oder beim ersten Versuch lieber am Ort bleiben. Es kann auch vorkommen, dass ein Pferd mit den Vorderbeinen einknickt und sich auf die Karpalgelenke niederlässt. Sie sollten deswegen geschützt werden, oder zumindest sollte

Um ein Pferd an das Hobbling zu gewöhnen, stelle ich es mit Halfter und Führseil in der Mitte des Round Pen auf. Seine Vorderbeine sind mit Gamaschen geschützt. Ich verbinde nun beide Vorderbeine mit einem breiten, geflochtenen Baumwollseil. Ich verwende Knoten, die ich mit einem Ruck sofort öffnen kann. Ich stelle sicher, dass ein Verletzungsrisiko bei dieser Übung so weit als möglich reduziert wird.

man ein Pferd an die Hobbles nur in tiefem, weichem Boden gewöhnen, um ein Verletzungsrisiko so weit wie möglich zu reduzieren. Pferde können zunächst unterschiedlich auf diese Situation reagieren, von gelassen und ruhig bis panikartig reicht da das Spektrum. Da ich das Pferd und seine Reaktionen aus den vorhergehenden Lektionen nun schon gut kenne, kann ich es recht gut einschätzen. Sollte es sich in Sprüngen vorwärts bewegen, so leite ich es durch den Kontakt zum Halfter in einem Kreis um mich herum. Ich berücksichtige dabei, dass es sich nur schwer ausbalancieren kann und gebe ihm genügend Spielraum. Ich lasse es nicht auf einer geraden Linie vorwärts. Immer, wenn es still steht, gehe ich von der Seite her zu ihm, spreche ruhig mit ihm und liebkose es. Danach begebe ich mich wieder auf Distanz. Jedes Pferd wird nach einigen Versuchen herausfinden, dass es sich der Hobbles nicht entledigen kann. Es wird dann vorziehen, stehen zu bleiben und sich in die Situation zu fügen. Ich entferne die Hobbles, hebe die Vorderbeine abwechselnd hoch, um ihm zu zeigen, dass es sich wieder frei bewegen kann. Diese Lektion muss nun regelmäßig wiederholt werden, bis es für das Pferd selbstverständlich ist, ruhig zu stehen, wenn es die Hobbles angelegt bekommt.

Eine weitere Übung, die Bewegungsfähigkeit einschränkt, ist das Anbinden. Die meisten Pferde sind zum Zeitpunkt des An-

Ein gut erzogenes Pferd soll sich überall anbinden lassen und geduldig warten. Ich habe deshalb an verschiedenen, geeigneten Stellen Anbindeplätze geschaffen, an denen ein Pferd gesattelt zwischen einer halben Stunde und drei Stunden verbringt. Für die ersten Anbindeerfahrungen hat sich dieser Pfosten bewährt. Die Anbindevorrichtung dreht sich mit und ein alter Autoschlauch dient als elastische Federung. Die Autoreifen verhindern Verletzungen.

▶ *Auch nachdem ein Pferd gelernt hat, die Hobbles zu akzeptieren, sollte man es niemals hobbeln und dann unbeaufsichtigt stehen lassen.*

reitens schon angebunden gewesen. Doch viele haben diese Situation noch nicht akzeptiert. Sie sind unruhig, scharren mit den Vorderhufen, ziehen rükkwärts am Anbindeseil. Manche Pferde kauen darauf herum oder versuchen, den Knoten mit den Zähnen zu lösen. Ich habe deshalb an verschiedenen, geeigneten Stellen Anbindeplätze geschaffen, an denen ein Pferd ge-

sattelt zwischen einer halben Stunde und drei Stunden verbringt. Zu Anfang reagieren die meisten Pferde ungeduldig, mit der Zeit akzeptieren sie die Situation, entspannen sich und verhalten sich ruhig.

Diese Übung ist sehr wichtig, um die Geduld des Pferdes zu entwickeln und es damit vertraut zu machen, dass es auch mal von seinen gewohnten Lebensbereichen, die ihm Geborgenheit vermitteln, abgetrennt wird. Die Maßnahme fördert sein Selbstvertrauen und seine innere Gelassenheit, wenn es mit der Zeit die Erfahrung macht, dass ihm keine Nachteile erwachsen, wenn es separat angebunden

wird. Da alle intuitiven Versuche, sich aus der Situation zu befreien, fruchtlos waren, wird es diese Aktionen mit der Zeit unterlassen. Als Ausbilder muss man die Geduld haben, die ersten «unruhigen Tage» einfach passieren zu lassen.

Ich rate in jedem Fall davon ab, das Pferd durch irgendwelche Aktivitäten korrigieren oder bestrafen zu wollen. Ignorieren Sie das unerwünschte Verhalten und das Pferd selbst und die Zeit sind hier die beste Medizin.

Nach einigen Tagen ist es auch für junge Pferde Normalität, ruhig und entspannt angebunden zu stehen. Sie betrachten es als eine willkommen Ruhepause zwischen Übungssequenzen auf der Reitbahn.

► **Lektion 8:** **Zäumungsakzeptanz und Zäumungsverständnis**

In dieser Lektion soll das junge Pferd mit der Zäumung und ihrer Wirkungsweise vertraut werden, sie akzeptieren und verstehen lernen. Ich arbeite zunächst mit gebisslosen Zäumungsvarianten.

Erst wenn es damit vertraut ist, lernt es, im Trensengebiss die gleichen Übungen auszuführen.

Diese Phase ist von besonderer Bedeutung, wird doch die zukünftige Grundeinstellung des Pferdes der Zäumungseinwirkung gegenüber jetzt geprägt. Alle Maßnahmen dieser Lektion müssen immer unter dem Aspekt praktiziert werden, das Vertrauen in die Zäumungseinwirkungen zu entwickeln und nicht etwa zu erschüttern. Besonders große Sorgfalt bei der praktischen Durchführung ist deshalb in den ersten Trainingssequenzen notwendig.

Was soll das Pferd lernen?

Es soll lernen,

► *dass durch die Drucksignale, die von der Zäumung ausgehen, Haltung und Bewegungsrichtung beeinflusst werden.*

► *sich zu entspannen, obwohl es eine ungewohnte Haltung einnimmt und Muskelgruppen in ungewohnter Weise im Körper an- und abspannt.*

► *seine Beinbewegungen anders zu koordinieren, als es das gewohnt ist.*

► *kontinuierlich und flüssig vorwärts zu gehen und sich dabei von den Druckimpulsen der Zäumung leiten und begrenzen zu lassen.*

► *Druckimpulse, die durch die Zäumung auf den Kopf übertragen werden, als* **Verständigungssignale** *für Richtungsänderung, Tempoveränderung, Anhalten und Rückwärtsgehen zu verstehen.*

► *sich durch solche Signale kontrollieren zu lassen.*

Für die einseitige Ausbindeübung verwende ich stets einen Gummiring zwischen Zäumung und Ausbindeseil. Sollte ein Pferd sich zu Anfang versteifen und gegen den seitlichen Ausbinder angehen, so kann es nicht zu schmerzhaften Einwirkungen der Zäumung kommen. Geht es gegen den Druck an, so erhöht es ihn dadurch graduell, gibt es nach so lindert sich der Druck. Das dem Pferd bekannte Prinzip bleibt erhalten.

Bei dieser Ausbinde-übung lernt das Pferd, dem Druck der Zäumung nach-zugeben und in einer leichten Längs-biegung zu entspan-nen. Wird es aus der Distanz behutsam angetrieben, lernt es in dieser Haltung, mit den Vorderbei-nen locker und kor-rekt zu überkreuzen und mit dem jeweilig inneren Hinterbein unter den Körper zu tre-ten, während es auf gleichmäßigen kleinen Kreisen locker geht.

WIE LERNT ES DAS? ▶ Der erste Lernschritt dieser Lektion ist das seitliche Ausbinden.

Ich bringe das Pferd mit Halfter und Führseil wie in Lektion 5 beschrieben und gesattelt in den Round Pen. Die Steigbügel des Sattels sind unter dem Pferdebauch mit einer Verbindungsschnur so zusammengebunden, dass sie noch pendeln können, jedoch in ihrer seitlichen Bewegungsfreiheit eingeschränkt sind. Das Verbindungsseil führe ich durch einen D-Ring in der Mitte des Bauchgurtes, so dass es nicht zu weit herunterhängt. So verhindere ich, dass das Pferd eventuell mit dem Hinterhuf über das Seil unter dem Bauch treten könnte. In den Schweif des Pferdes habe ich unterhalb der Schweifrübe einen Ring eingeflochten. Ich nehme das Führseil vom Kinnring des Halfters und hake es in einen festen Gummiring, der durch den Seitenring des Halfters gezogen wird. Ich verwende Rohrdichtungsringe für Abwasserrohre, man kann sie in jedem Baumarkt kaufen. Dieser Gummiring garantiert eine gewisse Flexibilität und Nachgiebigkeit, sollte das Pferd energisch versuchen, sich gegen das Ausbinden zu wehren. Ich führe nun das Ausbindeseil (Führseil) durch den Steigbügel von vorne nach hinten und verbinde es mit dem Schweif. Ich verknote es entweder mit einem Sicherheitsknoten (mit einem Ruck zu öffnen) mit dem Schweif direkt oder mit dem in den Schweif geflochtenen Ring. Die Länge sollte so bemessen sein, dass Druck (Zug) auf das Halfter entsteht, wenn das Pferd sich geraderichtet. Druckentlastung soll sich einstellen, sobald das Pferd eine leichte Längsbiegung einnimmt. Es lernt durch eigene Aktionen und Reaktionen, dass es den Druck an einer Seite seines Kopfes oder auf dem Nasenrücken verstärkt und steigert, sobald es mit Muskelkraft gegen die Einschränkung seiner Bewegungsfreiheit ankämpft. Zu Anfang wird es das versuchen und sich im ganzen Körper versteifen, dabei um die Mittelachse drehen oder rückwärts gehen. Gibt es dem Druck allerdings nach, so kann es sich in einer leichten Längsbiegung entspannen.

Hat es diesen Zusammenhang erst einmal herausgefunden, so lernt jedes Pferd sehr schnell, dass es viel angenehmer ist, sich der «Zäumungseinwirkung» anzupassen als dagegen anzukämpfen. Nachdem sich diese nachgiebige Akzeptanz eingestellt hat, treibe ich das Pferd aus der Distanz durch Schwingen eines Seiles etc. an und motiviere es, in der Richtung seiner Längsbiegung einen kleinen Kreis zu gehen.

Nach jedem vollendeten Kreis gebe ich ihm für einige Augenblicke Gelegenheit, sich zu entspannen, eventuell kurz stehen zu bleiben, seine Balance zurückzugewinnen, seine «Beine zu sortieren» und nachzudenken. Pro Seite binde ich es maximal 5 bis 10 Minuten aus und lasse es danach jeweils für ein paar Minuten komplett entspannen. Nach einiger Wiederholung sollte es die Technik entwickelt haben, die es ihm ermöglicht, entspannt und koordiniert kleine Kreise zu laufen. Es muss dafür vor allem die Muskeln seiner «äußeren Körperseite», (die dem Ausbinder gegenüberliegende Pferdeseite) lockern und dehnen. Es tritt dann mit den Vorderbeinen gleichmäßig und kreuzt über. Das

Pferd dreht sich nicht mehr um die Mittelachse, sondern setzt das innere (zur Bewegungsrichtung) Hinterbein in den Kreismittelpunkt unter den Körper und übernimmt damit die Körperlast vermehrt.

> ▶ *Bei dieser Übung lernt es, dem Druck dort, wo er auf den Körper wirkt, nachzugeben. Das Prinzip, dem Druck (Diskomfort) nachzugeben, beschert Druckentlastung (Komfort).*

Muskelverspannungen oder Widerstände sind gleich Diskomfort, Muskelentspannung ist gleich Komfort. Gleichzeitig lernt es, sich vom Druckkontakt weg zu bewegen. Der Druckimpuls wird somit zum richtungweisenden Signal. (z. B. Zug vom Ausbinder an der rechten Zäumungsseite, dadurch entsteht Druck an der linken Kopfseite. Gibt es von links nach rechts nach oder geht von links nach rechts, so mindert es den Druck auf der rechten Seite und beschert sich selbst mehr Komfort.)

Es hat nun alle Lernschritte gemacht, die Voraussetzung dafür sind, ohne Verwirrung in der Doppellonge gearbeitet zu werden. Es wird sich nicht mehr erschrecken, wenn es mit den Leinen an den Beinen berührt wird, und es wird wissen, wie es reagieren kann, wenn es durch Zugeinwirkung mit den Longen Drucksignale von der Zäumung auf der Nase bekommt.

EINSCHNALLEN DER DOPPEL-LONGE ▶ Ich hake die beiden Longen links und rechts in den Seitenring des Halfters ein, habe sie aber

Die Steigbügel des Sattels werden unter dem Pferdebauch mit einer Verbindungsschnur zusammengebunden. Sie können noch pendeln, sind jedoch in ihrer seitlichen Bewegungsfreiheit eingeschränkt.

vorher von hinten nach vorn durch die Steigbügel geführt, die immer noch mit einer Leine unter dem Bauch des Pferdes verbunden sind.

Ich stelle mich seitlich hinter dem Pferd mit genügend großem Sicherheitsabstand auf und treibe es auf einer großen Kreislinie an. Ich achte während der ersten Doppellongen-Lektionen sorgfältig darauf, mich nie im toten Winkel seines Gesichtsfeldes hinter ihm zu bewegen, sondern befinde mich immer etwas links oder rechts versetzt. Es kann sein, dass es versucht, sich umzudrehen. Das versucht es, weil es sich zu mir wenden will, um mich anzusehen. Bisher hatte es mich immer im Sichtfeld, und ich befand mich nie hinter ihm. Sollte es also versuchen, sich umzuwenden, so gebe ich jeweils mit der Longenleine Druckimpulse auf die Zäumung, die es daran hindern. Bald sollte es verstanden haben,

dass es sich nicht umdrehen soll, und dann vorwärts gehen. Es wird nicht gleich geradeaus laufen, sondern wohl mehr auf einem Zick-Zack-Kurs vor mir hergehen. Dabei achte ich darauf, dass ich es nicht in der Vorwärtsbewegung durch ungewollten Zug an den Longenleinen behindere, ganz gleich, wie schnell es läuft.

Meine Longenleinen sollten so lang sein, dass ich problemlos in der Mitte des Round Pen stehen kann, während das Pferd auf dem Hufschlag um mich herumläuft. Ich strebe an, dass es sehr bald einen ruhigen und gleichmäßigen Schritt geht. Sollte es allerdings zu Anfang traben oder gar galoppieren, so wirke ich nicht «bremsend» mit der Zäumung ein, sondern lasse es laufen, bis es sich beruhigt und den Schritt anbietet.

Bleibt es hektisch und schnell, so muss ich es in den vorbereiten-

Obwohl die vorbereitenden Übungen das Pferd mit Berührungen am Körper und an den Beinen vertraut gemacht haben, kommt es in Einzelfällen vor, dass ein Pferd zu Beginn der Doppellongenarbeit schnell im Kreis läuft. Ich achte in einem solchen Ausnahmefall darauf, dass ich es nicht in der Vorwärtsbewegung durch ungewollten Zug an den Longenleinen behindere, ganz gleich wie schnell es läuft. Da es von den Vorübungen her gelernt hat, mit den Berührungen der Leinen umzugehen, wird es nicht lange hektisch bleiben, selbst wenn die neue Situation ungewohnt ist.

Ich möchte, dass es bald in ruhigem und gleichmäßigem Schritt vor mir hergeht. Sollte es versuchen zu wenden, gebe ich jeweils mit der Longenleine Druckimpulse auf die Zäumung, die es daran hindern. Bald sollte es verstanden haben, dass es sich nicht umdrehen, sondern vorwärts gehen soll und dann vorwärts gehen.

den Lektionen noch weiter arbeiten, um die nötige Ruhe und Gelassenheit zu erreichen, die für die Doppellongen-Arbeit Voraussetzung sind.

LENKEN MIT DER DOPPELLONGE

▶ In der Folge verfahre ich immer nach dem gleichen Prinzip: Möchte ich einen Signalimpuls geben, so stelle ich zuvor mit der Longe auf der Seite, auf der das Signal gegeben werden soll, eine weiche Verbindung über das Halfter zum Kopf her. Erst wenn ich durch die Longe Gefühl für den Kopf habe, wirke ich wie mit Zügeln auf die Longe mit

▶ *Wenn das Pferd im Genick und mit dem Hals ein wenig seitlich nachgibt, bevor es seine Richtung entsprechend verändert, dann ist das schon die gewünschte Reaktion.*

Impulsen ein. Sollte es jedoch fest in der Halsmuskulatur bleiben, so wirke ich dennoch so lange mit Impulsen ein, bis es seine Richtung, wenn auch steif, verändert. Zu Anfang dirigiere ich es auf eine Linie mit etwa einer Pferdelänge seitlichem Abstand zur Bande. Bewegt es sich dort, so gebe ich ein Reihe von Impulsen, um es zu ver-

Ich dirigiere das Pferd auf eine parallele Linie mit etwa einer Pferdelänge seitlichem Abstand zur Bande. Bewegt es sich dort, so gebe ich eine Reihe von Impulsen, um es zu veranlassen, eine Kehrtwendung zur Bande hin auszuführen. Die Bande begrenzt diese Wendung, so dass sie recht eng und flüssig wird.

Ich beachte, dass das Pferd nur über die richtungweisende Longe Druck-Signale bekommt, ich muss also während der Wendung sehr viel Longenleine auf der passiven Seite geben und durch die entsprechende Hand gleiten lassen, um nicht versehentlich doch einen unerwünschten Kontakt zum Kopf herzustellen. Auch muss ich mich immer mit fleißigen Schritten bewegen, um in der jeweils richtigen Position zum Pferd zu bleiben, um es nicht zu behindern.

anlassen, eine Kehrtwendung zur Bande hin auszuführen. Die Bande begrenzt diese Wendung, so dass sie recht eng und flüssig wird. Ich beachte, dass das Pferd nur über die richtungweisende Longe Druck-Signale bekommt, ich muss also während der Wendung sehr viel Longenleine auf der passiven Seite geben und durch die entsprechende Hand gleiten lassen, um nicht versehentlich doch einen unerwünschten Kontakt zum Kopf herzustellen. Das würde das Pferd in dieser Situation sehr irritieren. Für ein klares Verständnis dieser Übung darf jeweils nur auf der Sei-

▶ *Das Prinzip: Zugeinwirkung z. B. auf der linken Seite an der Longe führt zu einem Druckkontakt mit der Zäumung (Halfter) auf die rechte Kopfseite.*
Reaktion: Das Pferd gibt dem Druckkontakt auf die rechte Kopfseite nach links hin nach, zunächst mit Kopf und Hals, dann durch seitliche Schrittveränderung mit dem ganzen Körper. Der Zug an der Longe muss nun sofort nachlassen. Dadurch schwindet der Druck am Kopf des Pferdes.
Druck = Diskomfort, Nachgiebigkeit = Komfort

te Zug an der Zäumung entstehen, zu der es wenden soll. Dadurch ist gewährleistet, dass es nur Druk-kkontakt auf der Kopfseite bekommt, die der Bewegungsrichtung gegenüber ist.

Ein Reihe von Achterfiguren und Wendungen zur Bande hin machen es sehr aufmerksam gegenüber den Signalen, die von der Zäumung ausgehen. Die ersten Sequenzen in der Doppellonge beende ich nach ca. 10–15 Min. Zum Abschluss len-

Von Anfang an möchte ich durch meine Longenführung dem Pferd vermitteln, in einer leichten gleichmäßigen Längsbiegung zu gehen.

ke ich das Pferd in Richtung Zaun und sage «Whoa», sobald es kurz davor ist. Sollte es nicht anhalten, sondern links oder rechts abbiegen wollen, so kann ich es mit entsprechenden seitlichen Impulsen daran hindern. Ich warte, bis es ruhig steht und entspannt, dann sage ich das Ankündigungskommando für Rückwärts, das ich schon in den Vorübungen an der Hand immer in Verbindung mit dem Rückwärtsgehen verwendet habe. Ich verwende die Worte «Back Up».

Dazu gebe ich abwechselnd links und rechts leichte Impluse auf die Zäumung, bis es den ersten Tritt rückwärts macht, dann lasse ich sofort nach und lobe es. Anschließend gehe ich zu ihm, nehme die Longen ab und führe es aus dem Round Pen. Ich erlaube ihm in der Doppellonge nicht, sich zu mir umzudrehen oder gar zu mir zu kommen.

In den folgenden Trainingssequenzen arbeite ich hauptsächlich im Schritt und im Trab. Ich gebe meine Drucksignale stets nur auf einer Zäumungsseite oder zum Verlangsamen und zum Rückwärts wechselseitig. Ich nehme mit weicher Verbindung durch die Longe stets zuerst Kontakt, bevor ich einen aktiven Zugimpuls mit der Longe gebe und damit einen Druckimpuls auf die Zäumung übertrage. Ich versuche, meine Einwirkungen so zu dosieren, dass das Pferd sehr bald locker und entspannt geht und jedesmal ein wenig mit Kopf und Hals nachgibt, wenn ich Kontakt herstelle.

Wenn ich diese Einwirkungen wiederhole, so gibt es mir jedes-

▶ *Ich wirke so ein, dass die aktiven Impulse stets dann am Kopf des Pferdes wirken, wenn sich das gegenüberliegende Vorderbein des Pferdes gerade in der Schwebephase befindet und vorgreift (z.B. Zug an linker Longe = Druckimpuls auf rechte Kopfseite, wenn linkes Vorderbein in der Schwebephase). Das Pferd sollte dieses Bein als Reaktion auf den entsprechenden Impuls ein wenig in die Richtung des Impulses setzen. Nach einiger Zeit perfektioniere ich dieses Zusammenspiel, bis folgende Reaktionskette zur Routine wird: Kontaktaufnahme zur Zäumung, das Pferd geht entspannt und ohne Verzögerung oder Richtungsänderung weiter. Es gibt aber ein wenig mit dem Kopf nach, und zwar im Genick und mit etwas seitlicher Biegung im Hals. Ich gebe den aktiven Zug-Impuls in dem Moment, da das entsprechende Vorderbein (in Bewegungsrichtung) vorgreift. Das Pferd schwingt es nicht geradeaus weiter, sondern etwas mehr seitwärts in die Richtung des Impulses. Es ergibt sich folgende Reaktionskette: Kopf – Hals – Vorderbein.*

Wenn das Pferd im Genick und mit dem Hals ein wenig seitlich nachgibt, bevor es seine Richtung entsprechend verändert, so zeigt es die von mir gewünschte Reaktion. Das Signal für eine Richtungsänderung mit der richtungweisenden Longenleine gebe ich immer, wenn sich das richtungweisende Vorderbein in der Schwebephase befindet.

mal, wenn ich es tue, einen Schritt vorwärts-seitwärts. Soll es also einen Bogen gehen, so wiederhole ich die Impulskette so lange, bis es wieder geradeaus weitergehen soll. Dann bleibe ich passiv mit den Longen. Nur, wenn es die gerade Linie verlässt, gebe ich einen entsprechenden Impuls, um die Richtung zu korrigieren. Das Pferd lernt auf diese Weise, sich auf geraden Linien, in Kreisen und Wendungen immer besser auszubalancieren. Es entwickelt die Beintechnik und Körperhaltung, die für eine flüssige Ausführung solcher

Manöver Voraussetzung sind. Es lernt, sich vermittels Druckimpulsen als Verständigungssignale lenken und leiten zu lassen, und bezieht seine Anleitung hauptsächlich über die Signale der Zäumung.

ARBEIT MIT ZÄUMUNG ▶ Bisher habe ich das Pferd im Trainingshalfter gearbeitet, nun ist der Zeitpunkt gekommen, es mit der Zäumung vertraut zu machen, in der es während der Grundausbildung weiter geschult werden soll. Zukünftig verwende ich dafür entweder die Wassertrense oder die Bosal-Hackamore. Bevor ich es in einer dieser Zäumungen im Round

Pen in der Doppellonge arbeite, soll es sich daran gewöhnen, sie akzeptieren lernen und ihre etwas andere Wirkungsweise kennen lernen. Der Übergang zum Bosal ist nicht sehr schwierig, ich binde das Pferd mit dieser Zäumung seitlich aus und arbeite es wie zu Beginn der Lektion. Die Gewöhnung an die Wassertrense erfordert etwas mehr Vorarbeit. Zunächst lege ich dem Pferd, das mit der Wassertrense noch nicht vertraut ist, diese Zäumung ohne Zügel an und überlasse es damit in der Boxe oder im Paddock sich selbst. Ich vergewissere mich jedoch, dass das Pferd sich nirgendwo mit der Zäumung festhaken kann. An seiner Reaktion kann ich erkennen, ob es eine längere Gewöhnungszeit benötigt oder problemlos mit dem metallenen Fremdkörper in seinem Maul zurechtkommt. Kaut es auch nach einiger Zeit noch unruhig auf dem Gebiss und versucht, es herauszustoßen, so versuche ich ein Gebiss mit anderer Metalllegierung oder Form. Erst wenn das Gebiss nicht mehr abgelehnt wird, binde ich das Pferd seitlich damit aus. Dabei ist es besonders wichtig, einen Gummiring als elastisches Sicherheitsglied zu verwenden. Auf keinen Fall darf man ein Pferd, das die nachgiebige Reaktion noch nicht reflexiv verinnerlicht hat, seitlich fest ausbinden. Es könnte sich ernsthaft im Maul verletzen.

Jede Zäumung hat ihre eigene, differenzierte Signalwirkung am Kopf oder im Maul des Pferdes (siehe Kapitel: Zäumungen und

> *Ich habe seinen Respekt, sein Vertrauen und sein Verständnis, die drei wichtigsten Voraussetzungen, um es stets kontrollieren zu können. Kontrolle über das Pferd gewinne ich, wenn ich seine Gedanken kontrollieren kann, an Muskelkraft wird es mir immer überlegen sein.*

ihre Wirkungsweise). Es lernt, mittels dieser Signale sich leiten und begrenzen zu lassen, anzuhalten, ruhig stehen zu bleiben und rückwärts zu gehen. Es lernt, dass ich es in jeder Gangart mittels dieser Signaleinwirkung kontrollieren kann.

Seine Versuche, sich der Kontrolle zu entziehen, bringen nicht den gewünschten Erfolg. Es entwickelt durch die Wiederholung dieser Übungen Routine, es wird für das Pferd immer komfortabler, sich von mir lenken und leiten zu lassen.

Es ist nun an der Zeit, den Round Pen zu verlassen und die Doppellongenarbeit, das Fahren vom Boden, außerhalb fortzusetzen. Dafür begebe ich mich zunächst auf einen eingezäunten Reitplatz und lenke mein Pferd in die Nähe des Zaunes: Sollte es sich erschrecken, so kann ich es jederzeit zum Zaun hin lenken und dort stoppen. Ich absolviere mit ihm die vertrauten Übungen, bis ich es überall auf dem Platz kontrollieren kann. In Anlehnung an Lektion 2 lege ich auf dem Reitplatz eine Plastikfolie aus, um das Pferd darüber zu lenken. Zu Anfang wird es versuchen, sich daran vorbeizudrücken. Es ist deshalb sinnvoll, zuvor die Übungen aus

Lektion 2 im Round Pen zu wiederholen. Mit etwas Geschick, Geduld und Konsequenz sollte es danach möglich sein, das Pferd über die Folie zu lenken oder darauf Pause machen zu lassen. Auch kann ich es um Fässer und andere Gegenstände herumlenken. So lernt es mit der Zeit, alle möglichen Hindernisse zu überwinden und sich dabei von mir lenken und leiten zu lassen.

Die Verständigungs- und Kontrollgrundlagen sind geschaffen, um es zukünftig ohne Missverständnisse reiten zu können. Die Phase der Schulung unter dem Reiter kann beginnen. Dafür muss es nur noch lernen, mich auf seinem Rücken zu akzeptieren und mit der dadurch entstehenden, veränderten Gleichgewichtssituation vertraut zu werden.

Sobald die Verständigung und Kotrolle in der Doppellonge im Round Pen optimiert wurden, ist es sinnvoll diesen zu verlassen und sich mit dem Pferd auf einen großen Reitplatz oder einem Trailplatz zu begeben. Durch abwechslungsreiche Arbeit auf unterschiedlichem Terrain lernt das Pferd mit der Zeit, alle möglichen Hindernisse zu überwinden und sich dabei von mir mit immer leichteren Signalen lenken und leiten zu lassen.

▶ **Lektion 9:   Erstes Aufsitzen und Tragenlassen**

Was soll das Pferd lernen?

Es soll verstehen lernen,

▶ *dass der Mensch auf seinem Rücken nichts Bedrohliches darstellt.*

Es lernt,

▶ *die Druckverhältnisse am Körper beim Aufsitzen zu akzeptieren, dabei ruhig stehen zu bleiben,*

▶ *unter dem Reitergewicht in ruhigem Schritt zu gehen und sein Gleichgewicht wiederzufinden,*

▶ *sich unter dem Reiter wie in der Doppellonge lenken und leiten zu lassen,*

▶ *Tempoveränderungen und Gangartwechsel trotz Reitergewicht und Gleichgewichtsveränderung entspannt auszuführen.*

WIE LERNT ES DAS? ▶ Während der Arbeit in der Doppellonge nutze ich die kurzen Ruhe- und Entspannungspausen während der Lektion, gehe zum Pferd, reibe und kraule es freundlich an den Stellen, an denen es ihm besonders gut gefällt.

Ich hantiere am Sattel herum, setze den Fuß mit den Zehenspitzen in den Steigbügel, fasse Sattelhorn oder Cantle an und wirke so auf den Sattel ein, wie das beim Aufsitzen auch der Fall ist. Sollte das Pferd sich vom Standort fortbewegen, so richte ich es wieder zurück an seinen Ausgangspunkt und mache dann ruhig weiter. Ich wende alle Maßnahmen der Aufsitzübungen von beiden Seiten an. Wenn ich wiederholt den Fuß in den Bügel setzen und am Sattel ziehen kann, ohne dass es den Standort verlässt, dann belaste ich erstma-

lig den Bügel mit meinem Gewicht. Ich ziehe mich vorsichtig am Sattel hoch und stütze das ganze Gewicht in den Bügel. Ich lehne mich dabei etwas über den Sattel, ohne jedoch das andere Bein über den Rücken zu schwingen. Ich verharre mit Gewicht in einem Bügel für etwa 10 bis 15 Sekunden, lasse mich dann wieder auf den Boden nieder und wiederhole die Übung auf der anderen Seite. Während dieser Übungen habe ich die Doppellongen natürlich abgenommen und durch Zügel oder ein Leitseil ersetzt, welches mit der Zäumung verbunden ist. Mit diesem halte ich keine straffe Verbindung zur Zäumung, sondern nur einen sehr leichten Kontakt am leicht durchhängenden Zügel. Dabei möchte ich, dass das Pferd seinen Hals ein wenig in die Richtung biegt, von der ich in den Bügel steige. Sollte es vorwärts gehen, nachdem ich im Bügel stehe, so wird es in einem Kreis um mich als Mittelpunkt herumgehen. Ich werde so nicht aus dem Gleichgewicht gebracht und das Pferd kann sich meinem Einfluss nicht entziehen.

DAS ERSTE AUFSITZEN ▸ Zum eigentlichen Aufsitzen entferne ich auch das Verbindungsseil, das die Bügel für die Arbeit mit der Doppellonge verbindet. Ich positioniere das Pferd in der Nähe des Ausgangs mit Kopf in Richtung Zaun und Ausgang. Sollte es sich bei der folgenden Übung erschrecken, so wird es zum Ausgang springen und dort leichter zum Anhalten zu bringen sein, als im Mittelbereich des Round Pen. Ich steige nun wieder in den Bügel und lege mich mit dem Oberkörper über den Sattel. Dabei habe ich wiederum den gleichseitigen Zügel verkürzt, diesmal so, dass das Pferd den Hals etwas mehr zur Seite biegen muss. Nehmen wir an, ich bin von der linken Seite in den Bügel gestiegen, mit der linken Hand habe ich ein Büschel Mähnenhaare gegriffen und halte den linken Zügel verkürzt, während der rechte lang und locker ist. Ich habe mich mit dem Oberkörper über den Sattel gebeugt und klopfe nun mit der rechten Hand behutsam und dann immer deutlicher gegen Schulter, Bauch und Hüfte des Pferdes auf der rechten Seite. Auch das rechte Steigbügelleder beklopfe ich und schwinge es vor und zurück, so dass es das Pferd überall dort berührt, wo das während des Reitens später auch der Fall sein kann. Sollte das Pferd sich erschrecken und einen Satz

machen wollen, so lasse ich mich sofort wieder zu Boden gleiten, stoppe es und richte es zurück an den Ausgangspunkt. Dann wiederhole ich die Prozedur, bis es ruhig und gelassen dabei bleibt. Dies geschieht natürlich auch wieder auf beiden Seiten. Es kann sein, dass es mehrere Tage dauert, bis ein Pferd komplett entspannt und ruhig bleibt, bei anderen dauert es nur Minuten. Hier gilt es, sich auf das individuelle Pferd einzustellen. Ist die ruhige Akzeptanz des Pferdes vorhanden, so schwinge ich mein freies Bein langsam über den Rücken des Pferdes, trete in den zweiten Steigbügel und belaste Sattelsitz und zweiten Bügel behutsam mit Gewicht. Sollte sich das Pferd im Rücken verspannen, so steige ich sofort behutsam wieder ab, führe es eine Runde, bis wir wieder am Ausgangspunkt sind, und wiederhole den Vorgang. Nun, während ich auf seinem Rücken sitze, reibe ich es behutsam am Hals mit der freien Hand, während meine Zügelhand immer noch den Zügel etwas kürzer hält und damit die Biegung im Hals des Pferdes erhält, auch halte ich die Mähnenhaare fest und stütze die Zügelhand am Hals ab. Bleibt es ruhig, so lasse ich den noch verkürzten Zügel langsam durch die Hand gleiten und erlaube dem Pferd so, den Hals fast gerade zu richten.

WECHSEL DER HALSBIEGUNG ▸ Nun kommt ein heikler Teil der Übung. Ich beabsichtige, das Pferd zu motivieren, den Hals dem Zäumungsdruck folgend zur anderen Seite zu biegen. Was sich sehr simpel anhört, birgt doch ein gewisses Risiko.

Bedingt durch alle Vorübungen hat das Pferd gelernt, neue Erfahrungen und Eindrücke gelassener zu akzeptieren und natürlich auch Vertrauen in meine Person entwickelt. Das erste Aufsitzen selbst ist deshalb in der Regel kein Problem.

Wendet das Pferd den Hals von links nach rechts, so geschehen einige Dinge, die uns bewusst sein sollten.

1. Es kommt in eine total gerade Position. In dieser Haltung kann es sich leicht verspannen und aus dieser Verspannung heraus vorspringen oder zu bocken beginnen.

2. Während es mich aus der leichten Biegung heraus stets mit einem Auge im Blickfeld hat, werde ich plötzlich im toten Blickwinkel verschwinden, sobald es gerade ist.

3. Biegt es sich in die andere Richtung, so tauche ich plötzlich in dem Gesichtsfeld des anderen Auges auf, diese Wahrnehmung hat es so bisher im Training noch nie machen können.

Um das Risiko des Erschreckens zu minimieren, versuche ich deshalb, das Umstellen der Biegung von einer Seite zur anderen recht weich, aber dennoch flüssig und prompt durchzuführen. Sollte das Pferd vorwärtsgehen, sobald es in der neuen Richtung gebogen ist, so halte ich den entsprechenden Zügel verkürzt und lasse es im kleinen Kreis gehen, bis es wieder ruhig steht. Aus dieser Position kann es nicht losbocken. Nur ein Pferd, das geradegerichtet ist, kann bocken. Ich wiederhole das Wechseln der Halsbiegung, bis das Pferd komplett gelassen und in der Halsmuskulatur locker und ohne Widerstand bleibt.

DIE ERSTEN SCHRITTE ▸ Nun ist der Zeitpunkt gekommen, es aufzufordern, die ersten Schritte unter dem Reiter zu tun. Es wird dieser Forderung gegenüber sehr unsicher reagieren, weil sein Gleichgewichtsgefühl durch das Reitergewicht gestört wird. Ich halte es wiederum zu einer Richtung, in der Regel links herum, ein wenig gebogen. Nun animiere ich es mit Stimme (z.B. das gewohnte Schnalzen, welches es von der Doppellongenarbeit her kennt). Außerdem kann ich es mit leicht pendelnden Schenkelimpulsen auf der «inneren» hohlen Seite und eventuell mit leichten, aufmunternden Berührungen mit dem Zügelende auf der Außenseite im Bereich der Kruppe ein wenig motivieren, sich vorwärts zu bewegen. Sobald ich fühle, dass es den Versuch macht, bin ich sofort passiv entspannt. Beginnt es sich zu bewegen, so gebe ich mit dem inneren Zügel die gleichen Signale, die es von der Doppellongenarbeit her kennt, und lasse es so auf einer gebogenen Linie gehen. Wenn ich das erste Mal von der Linksrichtung das Pferd umstelle, um auf die Rechtsrichtung zu kommen, dann gilt es wieder, vorsichtig zu sein. Sollte das Pferd sich hier verspannen, so halte ich es in der neuen Richtung gebogen, bis es sich wieder entspannt. Auf keinen Fall gebe ich die Kontrolle auf und lasse es gerade werden. Ich lasse es seinen Weg selbst suchen und versuche noch nicht, es zu lenken, wie ich das in der Doppellonge schon getan habe. Erst wenn ich das Gefühl habe, dass es wirklich entspannt und gelassen bleibt und auch in flüssiger Schrittfolge vorwärts geht, lenke ich es in einige Achterfiguren und in Wendungen zum Zaun hin.

ANHALTEN ▸ Am Ende jeder Reitsequenz, die etwa 10 bis 15 Minuten dauert, lasse ich es vor dem Zaun mit dem Ankündigungskommando «Whoa» zum Halt kommen. Bald lasse ich es auch an komplett losen Zügeln und gerade gehen. Mit der Zeit motiviere ich es, anzutraben. Dabei bleibe ich zunächst auf dem Hufschlag des Round Pen und lasse die Zügel locker hängen. Es soll selbst sein Tempo bestimmen, um sich besser auszubalancieren. Ich achte sorgfältig darauf, es nicht durch unregelmäßige Körpereinwirkungen zu irritieren. Trabt es locker, so ist es an der Zeit, es zu animieren, anzugaloppieren. Hier kann es noch mal zu einer Verspannung kommen. Sollte ich das fühlen, so lasse ich es zum Trab zurückkommen, und wiederhole das Angaloppieren, bis es keine Probleme mehr macht. Mit der Zeit beginne ich auch, es im Trab mittels Impulsen durch Achterfiguren, Volten und Kehrtvolten zu leiten. Ich achte dabei darauf, dass ich meine Hände tief genug halte, um sicher zu stellen, dass nur seitliche Impulse an den Kopf kommen und keine aufwärts gerichteten. Das Ankündigungskommando «Whoa» kündigt jedesmal das Anhalten an. Ist es zum Stillstand gekommen, so folgen das Ankündigungskommando «Back Up» und wechselseitige Impulse auf die Zäumung, um es

zu animieren, einen Schritt rückwärts zu tun. Sobald es diesen
einen Schritt rückwärts anbietet,
folgt eine kurze Entspannungs-
und Verschnaufpause. So wird
das Anhalten für das Pferd zum
komfortablen Erlebnis, zur
Komfortzone. Während dieser
ersten Lektionen unter dem Reiter vermeide ich jede Konfronta-
tion mit dem Pferd, ich versuche
nicht, ihm vorzuschreiben, wie es
laufen soll oder wo. Nur davonstürmen darf es nicht. Sollte es
das jemals versuchen, so würde
ich es mittels einseitiger, deutlicher Zügeleinwirkungen sofort
zum Zaun lenken, «Whoa» sagen

und es dort für eine Weile stehen
lassen. Sollte wiederholt diesen
Versuch unternehmen, so würde
ich es noch einige Zeit vornehmlich in der Doppellonge arbeiten,
um ihm zu zeigen, dass es er-
stens keinen Grund und zweitens
keine Möglichkeit gibt, sich durch
schnelles Laufen Neuem oder
Unbequemem zu entziehen. Im
Trab oder Galopp lasse ich das
Pferd immer nur einige wenige
Runden im Round Pen laufen,
um dann wieder eine Entspan-
nungs- und Ruhephase anzubieten. Ich arbeite mit dem Pferd
im Round Pen an dieser Lektion
nur so lange, bis es vertrauens-

Ich belaste den Bügel mit Gewicht und ziehe mich vorsichtig am Sattel hoch und stütze das ganze Gewicht in den Bügel. Ich lehne mich dabei etwas über den Sattel. Ich verharre mit Gewicht in einem Bügel für etwa 10 bis 15 Sekunden, lasse mich dann wieder auf den Boden nieder und wiederhole die Übung von der anderen Seite.

Während dieser Übungen halte ich mit dem Leitseil einen sehr leichten Kontakt zum Kopf des Pferdes. Dabei möchte ich, dass das Pferd seinen Hals ein wenig in die Richtung biegt, von der ich in den Bügel steige. Sollte es vorwärts gehen, nachdem ich im Bügel stehe, so wird es in einem Kreis um mich als Mittelpunkt herumgehen.

voll und ohne Verspannung läuft. Das ist in der Regel nach fünf bis zehn Trainingssequenzen der Fall. Sollte es jedoch später beim Reiten außerhalb des Round Pen Anzeichen dafür geben, dass das Pferd sich der Kontrolle entziehen könnte (Versteifen, Stürmen, Bocken etc.), so würde ich für einige Zeit wieder zu den optimalen Bedingungen dieses Trainingsplatzes zurückkehren, um dort die Basislektionen zu wiederholen. Sind Aufmerksamkeit, Verständnis, Vertrauen und Respekt zurückgewonnen, so wird auch auf einem großen Reitplatz oder im Außengelände die Kontrolle über das Verhalten des Pferdes wieder möglich sein.

Die Erfahrung über viele Jahre hat gezeigt, dass die meisten Pferde nicht bocken oder davonstürmen, wenn man in der beschriebenen Weise mit ihnen arbeitet. Doch es gibt Pferde, die ersparen dem Reiter diese Eskapaden nicht, sei es, dass sie eine entsprechende Grundveranlagung haben oder dass jemand mit ihnen gearbeitet hat und ihnen das Vertrauen genommen hat. In einem solchen Fall sollte man die Fähigkeit besitzen, angstfrei und locker mit derlei Verhalten

Ich steige nun wieder in den Bügel und lehne mich mit dem Oberkörper über den Sattel. Dabei habe ich wiederum den gleichseitigen Zügel verkürzt, diesmal so, dass das Pferd den Hals etwas mehr zur Seite biegen muss. Bleibt das Pferd entspannt und gelassen, so schwinge ich mein freies Bein langsam über den Rücken des Pferdes, trete in den zweiten Steigbügel und belaste Sattelsitz und zweiten Bügel behutsam mit Gewicht.

Um es zu den ersten Schritten zu bewegen, halte ich es wiederum zu einer Richtung, in der Regel links herum, ein wenig gebogen. Nun animiere ich es mit Stimme und mit leicht pendelnden Schenkelimpulsen auf der «inneren» hohlen Seite, sich vorwärts zu bewegen. Beginnt es sich zu bewegen, so gebe ich mit dem inneren Zügel die gleichen Signale, die es von der Doppellongenarbeit her kennt und lasse es so auf einer gebogenen Linie gehen.

Wer sich nicht zutraut, ein Pferd im Alleingang anzureiten, der ist gut beraten, es mit einem Helfer zu versuchen. Das Pferd muss sich als Voraussetzung dafür problemlos am Leitseil kontrollieren lassen. Es hat die zuvor beschriebenen, vorbereitenden Aufsitzübungen alle absolviert und bleibt dabei gelassen.

Sitzt der Helfer auf dem Rücken des Pferdes, so wird das Pferd angeführt, zunächst im Kreis in einer Richtung, dann auf Achterfiguren. Der Helfer sollte ruhig und entspannt sitzen und das Pferd mit einer Hand am Hals und auf der Kruppe kraulen, während er sich mit der anderen am Sattelknauf festhält.

umzugehen. Auch diese Pferde werden mit der Zeit entspannter, wenn sie die Erfahrung machen, dass sie mit ihren Aktionen nur ihre Kraft vergeuden.

ANREITEN AN DER HAND ▶

Nicht immer steht ein Round Pen zur Verfügung, um darin ein junges Pferd an den Reiter zu gewöhnen. Auch kann es sein, dass jemand sich nicht zutraut, ein Pferd ganz allein an den Reiter zu ge-

wöhnen. In diesem Fall ist es sinnvoll, das Pferd an einem langen Führseil in Kreisen und Achterfiguren an der Hand zu arbeiten (Lektion 5).

Wenn es präzise, entspannt und selbstverständlich arbeitet, kann ein Helfer die Funktion des Reiters übernehmen. Dieser Helfer sollte nicht ängstlich sein und locker und ausbalanciert auf dem Pferd sitzen können. Die Aufsitzübungen können in

Hat das Pferd sich im Schritt neben dem Führer an den Reiter gewöhnt, so lässt der das Führseil etwas länger werden.

Nach einigen Sequenzen sollte es dann auch ohne Hilfestellung vom Boden aus zu reiten sein, ohne dass es sich erschreckt. Auch hier nutze ich zunächst noch die Tonne als Bezugspunkt für das Pferd. Bevor ich den Round Pen verlasse, kommt diese Tonne als Hilfsmittel wieder mit in die Übungen.

gleicher Weise durchgeführt werden, wie zuvor beschrieben, das Pferd wird nur am Führseil angeleitet, ruhig zu stehen. Sitzt der Helfer auf dem Rücken des Pferdes, so wird das Pferd angeführt, zunächst im Kreis in einer Richtung, dann auf Achterfiguren. Der Helfer sollte ruhig und entspannt sitzen und das Pferd mit einer Hand am Hals und auf der Kruppe kraulen, während er sich mit der anderen am Sattelknauf festhält. Nach einer Weile lässt man das Pferd auf gewohnte Weise am länger werdenden Führseil herumgehen, zunächst im Schritt, später im Trab. Sollte es sich erschrecken oder verspannen, so kann man es mit dem Wort «Whoa» und Einwirkungen über das Führseil kontrollieren und anhalten. Nach einigen Sequenzen sollte es dann auch ohne Hilfestellung vom Boden aus zu reiten sein.

▶ Lektion 10: **Lenken und Leiten – Körperkontrolle unter dem Reiter**

Was soll das Pferd lernen?

Es soll lernen,

▶ *unter dem Reiter die Zäumungssignale weich und willig zu akzeptieren und seine Haltung entsprechend zu verändern oder in die gewünschten Richtungsänderungen und Tempoveränderungen umzusetzen, wie es das schon in der Doppellonge gelernt hat.*

▶ *Schenkelkontakt als Verständigungsmittel verstehen zu lernen,*

▶ *zwischen begrenzenden Druckimpulsen die Ideallinie zu finden,*

▶ *Gewichtsverlagerungen des Reiters richtig zu interpretieren.*

WIE LERNT ES DAS? ▶ Für die Übungen dieser Lektion gehe ich auf einen Reitplatz, später dann auf einen Trailplatz mit Hindernissen und in das Gelände. Das Pferd ist mit der Wassertrense oder mit dem Bosal-Hackamore gezäumt.

Die Erfahrung zeigt, dass dem Pferd die Geborgenheit und Vertrautheit des Round Pen in den ersten Tagen außerhalb fehlen kann. Es verhält sich dann unsicher, verspannt sich und ist abgelenkt und schreckhaft. Sollte das der Fall sein, so fahre ich es im Außenbereich für einige Tage im Schritt in der Doppellonge, bis es ruhig und gelassen ist.

BEZUGSPUNKT SETZEN ▶ Um ihm den Übergang in eine große Reitbahn von Anfang an so einfach wie möglich zu machen, schaffe ich im Round Pen einen Bezugspunkt für das Pferd, den ich ihm auch auf einem großen Reitplatz anbieten kann. Ich stelle zwei Plastikfässer im Round Pen auf, um die ich meine Kreise und Achterfiguren reite. Meine Halteübungen und Entspannungspausen mache ich stets in der direkten Nähe eines solchen Fasses. Als Resultat dieser Übung wird das Pferd sehr bald die Idee übernehmen, sich an den Fässern zu orientieren und in ihrer Nähe anhalten wollen. Die Fässer werden zum Orientierungspunkt und zur Komfortzone. Ich stelle diese Fässer in der Mitte des Reitplatzes mit Abstand von 10 bis 15 Metern zueinander auf und reite nun im Schritt um sie herum. Das Pferd kennt diese Übung aus dem Round Pen und wird sich mit wenigen Zügelsignalen leiten lassen. Ich habe die Erfahrung gemacht, dass es den jungen Pferden anfänglich auf einer großen freien Fläche ohne Orientierungspunkt sehr schwer fällt, auf regelmäßigen Linien zu gehen und das Tempo gleichmäßig zu halten. Häufige Zäumungseinwirkungen zur Kontrolle werden dann nötig. Ich möchte jedoch so wenig wie möglich körperlich mechanisch auf das Pferd einwirken und vor allem stets nur so leicht wie möglich, um es sensibel zu halten und seine Mitarbeitsbereitschaft nicht zu verlieren. Besonders, wenn man dann auf einem großen Zirkel traben oder gar galoppieren möchte, wird ein junges Pferd zunächst an der «offenen Seite» des Zirkels, also dort, wo ihm kein Zaun Begrenzung bietet, vom Zirkel drängen. Hier ist die Gefahr sehr groß, dass es lernt, die Zügelsignale zu ignorieren. Manch ein Reiter versucht dann noch, durch Ziehen am Zügel das Problem zu lösen. Das Pferd wird nun erst recht erkennen, dass es stärker ist und zukünftig seine Körperkraft gegen die Zügel- und Schenkeleinwirkungen einsetzen.

▶ *Der Reiter behält aber nur so lange Kontrolle über das Pferd und sein Verhalten, wie es seine Verständigungssignale akzeptiert und respektiert. Es darf deshalb nie Gelegenheit bekommen, herauszufinden, dass es sich mit Kraft dagegen durchsetzen kann. Das gesamte bisherige Training basierte auf diesem Grundsatz, und auch die weitere Ausbildung baut darauf auf.*

Die Fässer helfen mir, dieses Problem gar nicht erst entstehen zu lassen. Zudem geben sie mir als Reiter gleich einen Bezugspunkt. Es fällt mir leicht, auf gleichmäßigen Linien zu reiten und den Abstand zum Fass als Orientierungshilfe zu nutzen. Das Fass als großes Hindernis motiviert das Pferd,

sich im ganzen Körper zu biegen, wenn es herumgelenkt wird. Sobald es den Abstand zum Fass vergrößert, gebe ich mit Zäumung und Schenkel an seiner Außenseite Druckimpulse, die es motivieren, wieder in Richtung Fass auf die ursprüngliche Linie zurückzukehren. Umgekehrt gebe ich auf der Innenseite begrenzende Impulse, sobald es den Abstand zum Fass hin verkleinert. Es lernt auf diese Weise sehr leicht, die Linie zu halten und sich mit leichten Signalen im Bedarfsfall (bei Abweichungen von der Ideallinie) korrigieren zu lassen. Nach einigen Trainingssequenzen an den Fässern lenke ich es auf einen großen Zirkel. Auch hier korrigiere ich es jedesmal mit seitlich begrenzenden Impulsen von Zäumung und Schenkeln, wenn es die gedachte Ideallinie verlässt. Solange es auf der Linie bleibt, bin ich passiv mit Beinen und Händen.

▶ *Es lernt so, die Druckimpulse als begrenzende Signale zu verstehen und zu respektieren.*

REAKTION VERBESSERN ▶ Bisher fühlt es sich in Trab oder Galopp häufig noch fest und unnachgiebig an, wenn mit Zäumung und Schenkel Druckimpulse auf den Körper übertragen werden. Es reagiert durch Richtungs- und Positionsveränderung zwar verständig und gehorsam, jedoch noch nicht so weich und entspannt, wie ich das gern hätte. Ich möchte deshalb das Vertrau-

Jungen Pferden fällt es anfänglich auf einer großen freien Fläche ohne Orientierungspunkt sehr schwer, auf regelmäßigen Linien zu gehen und das Tempo gleichmäßig zu halten. Häufige Zäumungseinwirkungen zur Kontrolle sind dann notwendig. Oft haben die Pferde die Tendenz, am Zaun «kleben» zu bleiben oder zur «offenen» Seite der Reitbahn zu driften, obwohl der Reiter die Zügelsignale korrekt gibt.

Der Übergang vom Round Pen in eine große Reitbahn wird dem Pferd von Anfang an leichter gemacht, wenn ich ihm einen Bezugspunkt innerhalb der Bahn anbiete. Ich stelle deshalb Fässer auf, wie es die aus der Round-Pen-Arbeit kennt. Damit kann ich der Tendenz des «Klebens» oder «Abdriftens» gleich von Anfang an entgegenzuwirken.
Meine Halteübungen und Entspannungspausen mache ich stets in der direkten Nähe eines solchen Fasses. Als Resultat dieser Übung wird das Pferd sehr bald die Idee übernehmen, sich an den Fässern zu orientieren und in ihre Nähe anhalten wollen. Die Fässer werden zum Orientierungspunkt und zur Komfortzone.

en und die weiche Reaktion den Einwirkungen gegenüber mit folgender Übung verbessern. Ich reite dafür an der Bande oder am Zaun des Reitplatzes im Schritt entlang. Mit einer Hand halte ich die Zügel mittig über dem Mähnenkamm des Pferdes. Mit der freien äußeren Hand gleite ich an der Halsseite am Zügel herunter, umfasse den Zügel mit der ganzen Hand und nehme ihn vorsichtig an. Dabei bleibt die Hand dicht am Hals und bewegt sich in Richtung

Widerrist des Pferdes, bis ein Kontakt über Zügel und Zäumung zur Nase (Bosal) oder zum entsprechenden Mundwinkel des Pferdes (Trense) hergestellt ist. Sollte das Pferd jetzt seinerseits durch Druck gegen die Zäumung reagieren und sich auf diese Weise vom Kontakt befreien wollen, so bleibt die Hand unnachgiebig, selbst wenn es das mit aller Kraft versuchen würde. Ich halte die Hand statisch, lege sie eventuell gegen den Hals des Pferdes, um sie zu stabilisieren.

Weiterhin reite ich im Schritt um diese Tonnen herum. Jeweils am Schnittpunkt der so entstehenden Achterfigur zwischen den Tonnen stelle ich den Zügel- und Schenkelkontakt um. So lernt das Pferd gleich von Anfang an auf der Reitbahn, jeweils in korrekter Biegung eine neue Richtung einzuschlagen. Das unter Western- und Freizeitreitern so verbreitete Problem, «mein Pferd schiebt über die Schulter oder lässt die Schulter fallen...» kommt so gar nicht erst auf. Nur steife Pferde, die eine Richtungsänderung ohne vorherige richtige Biegung vornehmen, verlieren die Balance und kommen «auf die Schulter».

Ich warte, bis mir das Pferd eine von zwei möglichen Reaktionen gibt oder gar beide:

1. Es entspannt seine Halsmuskeln und biegt den Hals ein wenig **seitlich** nach außen, um den Druck der Zäumung zu mildern.
2. Es entspannt die Nackenmuskeln und gibt im Genick **gerade rückwärts** nach, um den Druck der Zäumung zu mildern.

Gibt es mir eine der beiden Reaktionen oder gar beide, so gebe ich sofort nach und lasse den Zügel durch die Hand gleiten. Das Pferd wird sich dann nach vorn abwärts strecken.

> ► *Dieser Kontakt darf nie zum Zug am Zügel werden, sondern muss stets von der Hand her eine passiv fest gestellte Verbindung sein.*

Weil es den Zäumungskontakt auf der Zaunseite hat, kann es ihn nicht falsch interpretieren und eine Richtungsänderung vornehmen. Der Zaun hindert es daran. Das Prinzip kennt es von der Arbeit in der Doppellonge:

Kontaktaufnahme = Entspannung und Nachgiebigkeit, dann erst Richtungsänderung durch Beinbewegung. Zeigt das Pferd auf beiden Körperseiten (in beiden Richtungen) eine willige Reaktion, so nehme ich Kontakt mit dem inneren Zügel auf. Hier haben wir nicht den Zaun, der es daran hindert, die Linie (Hufschlag) zu verlassen. Aus diesem Grund lege ich gleichzeitig die Wade des inneren Beines an den Pferdekörper an. Ich halte den Kontakt mit Zäumung und Unterschenkel so lange aufrecht, bis ich die nachgiebige Reaktion im Hals des Pferdes und im Rippenbereich unter dem Unterschenkel spüre, dann allerdings gebe ich sofort mit Hand und Bein nach und werde passiv.

> *Der Erfolg dieser Übung hängt von der Fähigkeit des Reiters ab, stets im richtigen Moment, also schon bei dem geringsten Anzeichen von Entspannung, nachzugeben. Niemals sollte er ziehen oder drücken oder nachgeben, wenn das Pferd noch Widerstand leistet. Ich nenne diese Fähigkeit des Reiters die Kunst des Loslassens!*
> *Hat das Pferd erst einmal gelernt, sich überall und jederzeit an die Zäumung und den Unterschenkel anzuschmiegen und zu entspannen, so haben wir die optimale Voraussetzung, um die Zäumungs-, Zügel- und Schenkeleinwirkungen als Verständigungsmittel ohne Zwang einsetzen zu können und ein hohes Maß an Kontrolle zu erreichen.*

Von nun an werde ich jede Trainingslektion mit dieser Übung beginnen. Sie fördert das Vertrauen des Pferdes in die Zäumungseinwirkungen und konditioniert eine weiche Nachgiebigkeit, erhält somit seine Sensibilität gegenüber den Einwirkungen. Es weiß, dass es niemals überraschend oder grob

mit der Zäumung angefasst wird. Es entwickelt keine Verkrampfungsreflexe, sondern Entspannungsreflexe. Es kann nie lernen, Muskelkraft gegen die Zäumungseinwirkung einzusetzen, um sich der Forderung des Reiters zu entziehen. Um die gleiche, selbstverständliche Nachgiebigkeit dem Schenkeldruck gegenüber zu konditionieren, mache ich die folgende Übung mit ihm.

Zweck dieser Übung ist es, dem Pferd zu vermitteln, dass es dem Schenkelimpuls, der im hinteren Körperbereich platziert wird, durch seitliches Ausweichen mit der Hinterhand nachgeben kann. Es soll nicht schneller werden oder vermehrt über die Schulter diagonal vorwärts-seitwärts ausweichen. Ich habe auf der Reitbahn in einem Quadrat oder Rechteck vier Tonnen oder Pylonen aufgestellt. Der Abstand zwischen den Eckmarkern ist etwa 15–20 Meter. Ich reite nun im Schritt außen in einem Viereck um die vier Tonnen. Jedesmal, wenn ich zu einer Tonne komme, nehme ich mit dem inneren Zügel in der zuvor beschriebenen Weise Kontakt auf. Nun lege ich meinen

Mit folgender Übung möchte ich das Vertrauen und die weiche Reaktion den Einwirkungen der Zäumung gegenüber verbessern. Ich reite dafür an der Bande oder am Zaun des Reitplatzes im Schritt entlang. Mit einer Hand halte ich die Zügel mittig über dem Mähnenkamm des Pferdes. Mit der freien äußeren Hand gleite ich an der Halsseite am Zügel herunter, umfasse den Zügel mit der ganzen Hand und nehme ihn vorsichtig an. Dabei bleibt die Hand dicht am Hals und bewegt sich in Richtung Widerrist des Pferdes, bis ein Kontakt über Zügel und Zäumung zur Nase (Bosal) oder zum entsprechenden Mundwinkel des Pferdes (Trense) hergestellt ist.

Der Zügelkontakt darf nie zum Zug werden, sondern muss stets von der Hand her eine passive Verbindung sein. Das Pferd hat zwei Möglichkeiten zu reagieren:
1. Es entspannt seine Halsmuskeln und biegt den Hals ein wenig **seitlich** nach außen, um den Druck der Zäumung zu mildern.
2. Es entspannt die Nackenmuskeln und gibt im Genick **gerade rückwärts** nach, um den Druck der Zäumung zu mildern. Darauf hin gebe ich sofort nach und lasse den Zügel durch die Hand gleiten.

Unterschenkel in einer deutlich nach hinten verlagerten Position an die Pferdeseite an und gebe Impulsdruck. Drei Reaktionen können sich einstellen:

1. Das Pferd weicht prompt mit der Hinterhand vom Schenkeldruck weg seitwärts. Sofort lasse ich den Schenkeldruck nach, lobe es und reite in einem Bogen um die Tonne weiter, bis ich auf der nächsten gerade Linie bin. Dafür gebe ich wiederholt entsprechende Zügelsignale mit dem richtungweisenden Zügel. An der nächsten Tonne wiederhole ich die Signale wie schon zuvor, weicht es mit der Hinterhand, so stelle ich den Schenkelimpuls kurz ab und wiederhole ihn ein zweites Mal. Gibt es mir auch jetzt wieder nach, so gebe ich den Schenkeldruck sofort auf, lobe es, führe es mit Zügelsignalen weiter um die Tonne, bis es wieder auf der Geraden geht. Mit der Zeit wird es mir möglich sein, so einzuwirken, dass es mit den Vorderbeinen einen kleineren Kreis um die Tonne geht als mit den Hinterbeinen. Diese Reaktion festige ich durch Wiederholung.

2. Es wird schneller. In diesem Fall nehme ich mit dem zweiten Zügel Kontakt zur Zäumung, baue mit beiden wechselseitig etwas mehr Druck auf, gebe die Schenkelimpulse aber behutsam weiter. Bei richtiger Dosierung wird das Pferd wieder langsamer, erst jetzt gebe ich Schenkelimpulse und Zügelkontakt auf. Es hat den Schenkelkontakt falsch interpretiert und glaubte, es solle schneller werden. Es muss erst lernen, dass Druckentlastung nicht eintritt, wenn es schneller

Diese Übung vermittelt dem Pferd, dass es dem Schenkelimpuls, der im hinteren Körperbereich innen platziert wird, durch seitliches Ausweichen mit der Hinterhand nachgeben kann. Es soll nicht schneller werden oder vermehrt über die Schulter diagonal vorwärts-seitwärts ausweichen, sondern mit dem inneren Hinterbein deutlicher untertreten.

Hier sieht man sehr gut, wie das Pferd mit dem inneren Hinterbein vermehrt seitlich unter tritt, um die Kruppe etwas nach außen verschieben zu können. Bei einer solch deutlichen Reaktion begnüge ich mich anfänglich mit einem Schritt und reite dann in einem normalen Bogen mittels Zügelimpulsen weiter um die Tonne oder wie hier um den Marker.

wird, sondern wenn es seitlich weicht. Um ihm das zu erleichtern, halte ich an, nehme wechselseitig Kontakt mit beiden Zügeln und begrenze es nach vorn. Nun gebe ich ihm Schenkelimpulse mit einem Schenkel, bis es einen Schritt seitwärts macht. Dabei ist es mir zunächst nicht wichtig, ob es schon mit der Hinterhand weicht oder nicht. Wichtig ist, dass es begreift, nicht schneller zu werden, wenn es den Schenkeldruck fühlt. Dann lasse ich es kurz nachdenken und wiederhole die Übung.

3. Es weicht seitlich, jedoch mehr vorwärts-seitwärts und nicht mit der Hinterhand. Ich stelle den Schenkelimpuls nach ein oder zwei Seitwärtsschritten ein und gebe mit dem Zügel auch nach. Bei der nächsten Ecke (Tonne) achte ich darauf, meinen Unterschenkel noch weiter nach hinten zu legen. Bekomme ich die gleiche Reaktion wie zuvor, so hat es immer noch nicht verstanden, was ich von ihm möchte. Ich halte es an, nehme wieder wechselseitig Kontakt mit beiden Zügeln und begrenze es nach vorn. Dann lege ich den Schenkel weit hinten an und gebe Impulse, bis es mit der Hinterhand einen Schritt weicht. Es hat das Grundverständnis für diese Signale bereits erworben (Lektion 3).

Bald fällt es dem Pferd immer leichter, am Eckmarker die Hinterhand vom Schenkelimpuls des inneren Schenkels weichen zu lassen und mit den Hinterbeinen einen größeren Bogen zu gehen als mit den Vorderbeinen.

Ich gewöhne junge Pferde sehr früh daran, dass sich der Reiter im Sattel auch ganz «unkonventionell» bewegt. Zunächst mache ich solche Übungen im Schritt, später in den anderen Gangarten auch. So lernt es, dass sich ein Reiter auch mal im Sattel bewegt, seine Haltung verändert und die Arme bewegt, ohne dass das als Signal gemeint ist. Auch soll es solche Bewegungen akzeptieren, ohne sich zu erschrecken oder gleich mit Richtungs- oder Tempoveränderungen zu reagieren.

Bei richtiger Dosierung und Platzierung der Druckimpulse sollte es die gewünschte Reaktion mit der Hinterhand nun zeigen. Ich reite weiter auf meiner Grundlinie und bei der nächsten Tonne versuche ich es noch einmal. Sollte es mich wieder missverstehen, so halte ich es an und wiederhole die letzte Übung, bis die gewünschte Reaktion eintritt.

> *Bei dieser Übung ist man als Reiter versucht, eine Fehlinterpretation des Pferdes durch massiven Einsatz von Zügel- und Schenkeldruck zu korrigieren und es zur gewünschten Reaktion zu zwingen. Dieser Versuchung muss man unbedingt widerstehen. Sinn der Übung ist es, die Sensibilität des Pferdes zu erhöhen und seine Bereitschaft zu fördern, auf feinste Einwirkungen nachgiebig zu reagieren.*

DAS GLEICHGEWICHT DES PFERDES SCHULEN ▸ Bisher war mein Bestreben im Sattel, möglichst ausbalanciert, zentriert und locker zu sitzen. Jede Störung oder Behinderung des Pferdes durch Oberkörperverlagerungen oder Schwan-

kungen habe ich vermieden, um das junge Pferd nicht zu verunsichern. Nun soll es lernen, dass der Reiter sich durchaus im Sattel bewegt, seine Haltung verändert und die Arme bewegt. Es soll diese Be-

Um dem Pferd ein weiches, ausbalanciertes Anhalten zu vermitteln, unterteile ich meine Hilfen in «Ankündigungssignale» und «Ausführungssignale»: Zunächst gebe ich das Ankündigungskommando «Whoa», dann nehme ich den Oberkörper etwas zurück und lasse mich in den Sattel sinken. Natürlich bewege ich mich sehr weich und nicht etwa abrupt. Nach dem «Whoa» und während der Gewichtsverlagerung lasse ich etwas Zeit verstreichen, dann erst nehme ich Kontakt mit der Zäumung auf und baue eventuell Druck auf, bis das Pferd verlangsamt und anhält.

wegungen akzeptieren lernen, ohne sich zu erschrecken oder gleich mit Richtungs- oder Tempoveränderungen zu reagieren. Ich reite es im Schritt, habe nicht vor, einer präzisen Linie zu folgen und bin entweder auf einem Zirkel oder auf der Außenbahn unterwegs. Ich beginne damit, dass ich mich etwas vorbeuge und es am Hals streichele, dann lehne ich mich zurück und streichele es auf der Kruppe. Ich drehe den Rumpf und schau mich links und rechts um. Ich stehe auf und setze mich hin. Mal gebe ich etwas mehr Gewicht in den einen, dann in den anderen Bügel. Das alles geschieht natürlich langsam und behutsam. Wenn ich mich zwanglos auf dem Pferd hin- und herbewegen kann, ohne dass das Pferd sein Tempo oder seine Richtung verändert, ist es in seinem Gleichgewicht gefestigt genug. Diese Übungen wiederhole ich mit der Zeit auch im Trab und später im Galopp auf dem Zirkel. Erst jetzt möchte ich ihm zwei Gewichtssignale nahe bringen, die vor der Ausführung von Manövern als Ankündigung vorgeschaltet werden. Jedesmal, wenn ich anhalten möchte, sage ich das Ankündigungskommando «Whoa», lasse mich etwas in den Sattel sinken und «lehne» mich ein **wenig** zurück. Diese Bewegung entsteht, wenn ich in der Magengegend etwas einknicke, so als hätte mir jemand einen Boxhieb dorthin versetzt. Natürlich bewege ich mich sehr weich und nicht etwa abrupt. Nach dem «Whoa» und während der Gewichtsverlagerung zähle ich im Geiste: «Eins, Zwei», dann erst nehme ich Kontakt mit der Zäumung auf und gebe Druck-Impulse, bis das Pferd still steht. Diese Kombination gibt dem Pferd die Zeit, die es benötigt, um ausbalanciert anzuhalten und dabei die richtige Beintechnik zu entwickeln.

Diese Kombination von Ankündigungs- und Ausführungssignalen gibt dem Pferd die Zeit, die es benötigt, um ausbalanciert anzuhalten, Last mit den Hinterbeinen aufzunehmen und dabei die richtige Beintechnik zu entwickeln.

> ▶ *Stimme und Gewichtsverlagerung sollen das Manöver ankündigen. Das Pferd hat danach zwei Sekunden Reaktionszeit. Dann erst wird der Kontakt über die Zäumung hergestellt und eventuell Druck aufgebaut.*

Auch zum Anreiten gebe ich dem jungen Pferd ein Ankündigungssignal mit dem Oberkörper. Dazu «kippe» ich minimal nach vorn vor, zuvor habe ich in gewohnter Manier geschnalzt. Wieder lasse ich eine oder zwei Sekunden verstreichen, bevor ich dann mit einem von hinten nach vorn streifenden, einseitigen Schenkelimpuls das Pferd motiviere, entsprechend die Beine vorwärts zu setzen und im Schritt loszugehen.

ANREITEN ► Auch zum Anreiten gebe ich dem jungen Pferd ein Ankündigungssignal mit dem Oberkörper. Dazu «kippe» ich **minimal** nach vorn vor, zuvor habe ich in gewohnter Manier geschnalzt. Wieder lasse ich eine oder zwei Sekunden verstreichen, bevor ich dann mit einem von hinten nach vorn streifenden, einseitigen Schenkelimpuls das Pferd motiviere, entsprechend die Beine vorwärts zu setzen und im Schritt loszugehen.

TRABEN ► Nachdem es mit diesen beiden Übungen keine Probleme mehr hat, begebe ich mich auf einen großen Zirkel und motiviere das Pferd, anzutraben. Zunächst beginne ich, im Rhythmus seiner Beinbewegungen immer, wenn es das zum Zirkelmittelpunkt gelegene, «innere» Hinterbein vorschwingt, mit dem inneren Unterschenkel von hinten nach vorn streifende Impulse zu geben. Fühle ich, dass es die Schrittlänge ver-

größert, so lobe ich es, setze kurz aus, aktiviere es aber dann sofort wieder in gleicher Weise. Nach einigen Wiederholungen hat es eine gute Idee, was ich nun von ihm erwarte. Nun schnalze ich rhythmisch und verlagere meinen Oberkörper ein wenig nach vorn, während ich weiter die Impulse mit dem inneren Schenkel gebe. Eventuell steigere ich etwas die Intensität der Schenkelimpulse. Bei richtiger Dosierung und richtigem Timing sollte es nun antraben. Sobald es antrabt, beginne ich, leicht zu traben und erhalte so einen flüssigen Rhythmus in dieser Gangart. Dabei habe ich die Zügel weich etwas nachgegeben und locker, ohne sie komplett aus der Hand gleiten zu lassen. Mit einer leichten Bewegung der Hände muss es mir möglich sein, den Kontakt zur Zäumung und damit zum Kopf des Pferdes ohne Irritationen wieder herstellen zu können. Nach etwa einem Zirkel setze ich mich dann in den Sattel nie-

Zur Vorbereitung auf einen weichen und ausbalancierten Übergang zwischen Trab und Schritt praktiziere ich das Leichttraben. Dabei möchte ich erreichen, dass das Pferd locker und gleichmäßig vorwärts geht.

Um den Übergang einzuleiten, setze ich mich mit lockerem Sitz in den Sattel und nehme leichten Kontakt mit dem inneren und dann mit dem äußeren Zügel auf. Ich sage als Ankündigung für die Aufforderung zum Verlangsamen leise «Easy». Danach werde ich passiv und «schwer» im Sattel und gebe über einen Zügel leichte Impulse, bis das Pferd sein Tempo deutlich zurücknimmt.

der, schwinge mit lockerem Sitz mit und nehme leichten Kontakt zunächst mit dem inneren, dann mit dem äußeren Zügel zur Zäumung. Ich sage als Ankündigung für die Aufforderung zum Verlangsamen leise «Easy». Danach werde ich passiv und «schwer» im Sattel und gebe über einen Zügel, in der Regel den inneren, leichte Impulse, bis das Pferd sein Tempo deutlich zurücknimmt und zum Schritt überwechselt. Nun gebe ich zunächst mit dem äußeren, dann mit dem inneren Zügel nach und lasse es entspannt im Schritt gehen.

ÜBERGÄNGE ▸ Diese Übungen, das Antraben und danach den Übergang vom Trab zum Schritt wiederhole ich wie beim ersten Mal. Das Pferd begreift die Zusammenhänge dieser Übung schnell und beginnt von sich aus auf die ersten Signale hin schon, sich für die ruhige Gangartänderung vorzubereiten. Nachdem diese Übung leicht und locker klappt, versuche ich, es mit etwas anderer Dosierung der gleichen Einwirkungen vom schnellen Trab zum langsamen Trab zu bringen und dann erst zum Schritt. Bald kann es zwischen diesen drei

Dabei soll es im Genick nachgeben ohne die Vorhand mehr zu belasten. Mit leichten Schenkelimpulsen motiviere ich es, die Hinterhand aktiv zu halten und unter den Körper zu treten. Für einen Augenblick hat es in seinem Körper vermehrt Spannung, bevor es in den Schritt übergeht.

Hat es vom Trab zum Schritt gewechselt, so gebe ich zunächst mit dem äußeren, dann mit dem inneren Zügel nach und lasse es entspannt im Schritt gehen. Auf diese Weise streckt es zunächst die Muskulatur seine äußeren und dann erst seine inneren Körperhälfte. Als Effekt dieser Bewegungskette bleibt es besser im Gleichgewicht und lernt erst gar nicht, sich an der Zäumung «abzustützen» oder dagegen zu gehen.

Möglichkeiten auf leichteste Signale hin seine Bewegungen variieren. Natürlich wird seine Veranlagung bestimmen, ob die Bewegungen schon sehr weich und ruhig oder etwas rauer und holpriger sind.

Doch zu diesem Zeitpunkt kommt es mir nur darauf an, seine Mitarbeitsbereitschaft, sein Verständnis und seine Eigenkoordination an feinsten Signalen zu verbessern. Später werde ich im Galopp in gleicher Weise einwirken, um ihm die Tempoveränderung während dieser Gangart und den Übergang zwischen Trab und

Galopp bzw. Galopp und Trab zu vermitteln. Ich variiere dann zwischen leichtem Sitz und Aussitzen der Bewegungen.

▶ *Das Pferd wird durch die Wiederholung dieser Übungen leicht und vertrauensvoll auf feine Signale reagieren, seine eigene Balance und Körperkoordination unter dem Reiter ohne Irritationen und Störungen durch ihn stetig verbessern. Sein Selbstvertrauen in seine eigenen Fähigkeiten sowie das Vertrauen in die Regelmäßigkeit des Verständigungssystemes zwischen Reiter und Pferd werden sich mehr und mehr entwickeln.*

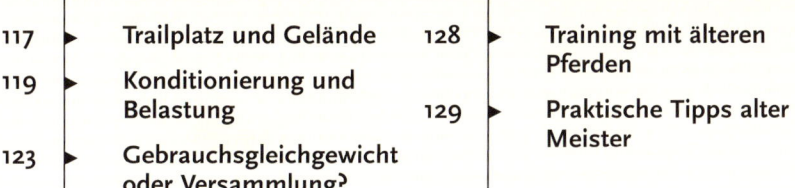

Weiterführende Arbeit

▶ Trailplatz und Gelände

Bisher habe ich mit meinem Pferd eine gute Verständigungsbasis aufgebaut. Es vertraut in dieses Verständigungssystem und lässt sich in gewohnter und vertrauter Umgebung lenken, leiten und in Tempo und Gangart kontrollieren. Es liegt aber im Wesen des Pferdes, dass sein Sicherheitsgefühl in fremder Umgebung sofort wieder erschüttert wird. Deshalb gilt es, in der nächsten Zeit systematisch daran zu arbeiten, das Selbstvertrauen des Pferdes in seine Fähigkeit zu stärken, mit «Problemsituationen» fertig zu werden. Aber vor allem soll seine Bereitschaft, sich auch in fremden, ungewohnten, ja Furcht einflößenden Situationen von mir kontrolliert lenken und leiten zu lassen, entwickelt werden. Ich begebe mich mit ihm deshalb gezielt in Übungen und Übungsbereiche mit erhöhtem Stress-Potential. Dabei steigere ich die Stressfaktoren graduell und richte mich dabei individuell nach der Persönlichkeitsstruktur jedes einzelnen Pferdes. Die Grundlagen für diese Übungen wurden in den Lektionen 2 und 8 gelegt.

Ich begebe mich auf den Trailplatz und werde mit dem Pferd die verschiedenen Hindernisse durcharbeiten. Zu Anfang kommt es mir nicht so sehr darauf an, jedes Hindernis perfekt zu durcharbeiten. Wichtiger ist es, dem Pferd das Vertrauen zu geben, sich auch in «schwierigen» Situationen von mir leiten zu lassen. Ich reite es über Brücken und Bodenstangen, Walk Overs, Cavalettis, Plastik etc. Das Pferd soll lernen, Schritt für Schritt ohne Hektik zu arbeiten, deshalb lasse ich es nach jedem Schritt in einem Hindernis verharren. Auf gar keinen Fall darf es selbstständig entscheiden, in welchem Tempo oder auf welcher Linie ein Hindernis überwunden wird, diese Vorgaben kommen stets von mir.

Nach einigen Übungsstunden auf dem Trailplatz gehe ich dann zu ruhigen Schrittausritten in das Gelände. Auch hier wähle ich meine Route so, dass Sicherheitsaspekte berücksichtigt werden. Auch während dieser Geländeritte

> *Ich achte immer darauf, den Sicherheitsaspekt nicht aus den Augen zu lassen, und plane meine Aktivitäten so, dass es keine Missverständnisse oder Auseinandersetzungen gibt, in denen sich das Pferd meiner Kontrolle entziehen könnte.*

Der Trailplatz bietet gute Gelegenheit, mit dem Pferd verschiedene Hindernisse zu durcharbeiten. Zu Anfang kommt es dabei nicht so sehr darauf an, jedes Hindernis perfekt zu durchreiten. Wichtiger ist es, dem Pferd das Vertrauen zu geben, sich auch in «schwierigen» Situationen vom Reiter leiten zu lassen.

Gibt es Akzeptanz- oder Verständigungsprobleme, so gehe ich wieder zurück in Reitbahn oder Round Pen und arbeite dort an den Grundlagen, indem ich die entsprechenden Lektionen wiederhole. Nach den ersten Wochen des Trainings hat das Pferd die Zusammenhänge alle begriffen, es wird dann versuchen, Übungen, die es schon zu unserer Zufriedenheit ausführte, zu verändern. Dieses Verhalten, die «Flegelphase» ist ganz normal. Mit ruhiger Konsequenz und korrekter Wiederholung der Grundlagen wird diese Phase überwunden.

lege ich Übungsphasen in geeigneter Umgebung ein. Hier wiederhole ich die Nachgiebigkeits-, Biege- und Kontrollübungen ebenso, wie in der Reitbahn oder auf dem Trailplatz.

Ein weiterer Schritt in der Grundausbildung ist die Gewöhnung an andere, fremde Pferde in der direkten Umgebung. Junge Pferde reagieren zu Anfang in solchen Situationen unsicher. Das Reiten in kleinen Gruppen mit Reitern, die bereit sind, im Bedarfsfall Rücksicht zu nehmen, ist sehr hilfreich.

▶ Konditionierung und Belastung

Während der Grundausbildung eines Pferdes ist es sehr wichtig, das Pferd weder psychisch noch physisch zu überfordern. Folgt man dem zuvor beschriebenen Trainingskonzept in der richtigen, logischen Reihenfolge, so kommt es kaum zu Missverständnissen oder zu mentalen Überforderungen. Doch immer wieder kann es vorkommen, dass junge Pferde unkonzentriert, gelangweilt oder übermütig sind, sie können in ihrem Verhalten noch nicht die Gleichmäßigkeit eines gut geschulten routinierten Pferdes anbieten. Ich bleibe bei solchen Unregelmäßigkeiten ruhig und gelassen, schalte in den Anforderungen eventuell sogar um eine Stufe zurück und gebe dem Pferd einige Tage, um seine Form wieder zu verbessern. In der Regel findet es dann sehr schnell wieder zu einer kooperativen Mitarbeit zurück.

Die physische Belastbarkeit ist ein anderes Thema. Hier gilt es, die körperlichen Anlagen und den tatsächlichen, physischen Zustand realistisch einzuschätzen, will man

Abwechslung zwischen Bahnarbeit und Geländeritten hält junge Pferde interessiert und aufmerksam. Ruhige Schrittarbeit ist für untrainierte Pferde am besten geeignet, um ihnen eine grundsätzliche Fitness zu vermitteln.

sich nicht Trainingsprobleme in Form von Widerständen, Widersetzlichkeiten oder Angstreaktionen einhandeln.

Ein leichter Muskelkater, eine Zerrung, ein Druckschmerz oder eine wunde Hautstelle, verursacht durch einen Ausrüstungsgegenstand, und schon kann das Verhalten des Pferdes komplett verändert sein. Ich prüfe deshalb vor jeder Trainingseinheit, ob das Pferd körperlich fit ist und keine der zuvor genannten Probleme hat. Die Nachgiebigkeitsübungen zeigen mir, ob ein Pferd locker und unverkrampft ist und sich entspannt und flüssig bewegt. Ruhige Schrittarbeit ist für untrainierte Pferde am besten geeignet, um ihnen eine grundsätzliche Fitness zu vermitteln. Nach einiger Zeit sind dann kurze Reprisen Trab und Galopp in ruhigem, geregeltem Tempo angebracht. Ein häufiger Wechsel zwischen den Gangarten fördert die Körperkoordination, das Gleichgewichtsgefühl und die Elastizität des Pferdes. Abwechslung zwischen Bahnarbeit und Geländeritten hält das Pferd interessiert und aufmerksam. Tägliches, regelmäßiges Arbeiten ist sinnvoll, 30 Minuten bis zu einer Stunde ist eine angemessene Zeitspanne, dauert ein ruhiger Ausritt länger, so ist das auch kein Problem. Hat das Pferd einmal eine längere Pause gehabt, so sollte man für ein bis zwei Wochen wieder mit kurzen Reprisen beginnen, bevor man zum alten Programm übergeht. Während des Anreitens erwarte ich vom Pferd nur entspanntes Arbeiten im natürlichen Gleichgewicht, also noch keine Ausführung von Übungen, die eine längere Versammlung bedingen. Dazu müsste der Körper des Pferdes erst einmal durch regelmäßige Arbeit über den Zeitraum von etwa einem Jahr vorbereitet werden.

Der Ansatz, ein junges Pferd nicht dauerhaft versammelt zu reiten, bedeutet im Umkehrschluss aber nicht, es einfach nur mit zu großer Vorhandbelastung passiv und nachlässig schlurfen zu lassen. Ich strebe an, dass es im natürlichen Gebrauchsgleichgewicht unter dem Reiter gehen lernt und diese Haltung und Bewegungsform zur Selbstverständlichkeit wird. Die Monate nach dem Anreiten nutze ich dazu, diesem Ziel zuzuarbeiten. Dazu ist es nötig, immer wieder korrekt ausgeführte, sinnvolle Übungen in das Training mit einzubeziehen.

Während des Anreitens habe ich stets nach dem Prinzip von Druck und Nachgiebigkeit verfahren, das heißt: gebe ich auf einer Seite Druck, so öffne ich auf der anderen Seite «die Tür» und erlaube so dem Pferd, dem Druck nachzugeben und auszuweichen. Dieses Prinzip ist sehr simpel und dem Pferd von Natur aus geläufig. Habe ich mit der Zäumung von vorn nach hinten Druck gegeben, so wurde die Vorwärtsbewegung eingefangen und eventuell in Rückwärts umgewandelt. Habe ich von hinten nach vorn Druck aufgebaut, so wurde daraus Vorwärtsbewegung oder Temposteigerung. Gab ich rechts Druck, so änderte sich die Bewegungsrichtung des

Die Erfahrung zeigt, dass man ein junges Pferd, welches willig durch die reiterlichen Einwirkungen führen und formen lässt, schon frühzeitig zu Versammlungsübungen zwingen kann. Da es ihm aus mangelnder Kräftigung nicht leicht fällt, solchen Forderungen nachzukommen, entstehen Verspannungen, die zu Widerständen führen. Fälschlich wird ein solches Verhalten oft als mutwilliger Ungehorsam gewertet und nicht als Überforderung. Die Folgen, die solches reiterliches Fehlverhalten hat, kann man leider überall in der Reiterszene sehen.

Die Feinheit der Signale und die ausbalancierte, lockere Haltung des Reiters in Verbindung mit häufigen Richtungs- und Tempoveränderungen ermöglichen es dem Pferd, seine Körperkoordination zu verbessern, sich neu auszubalancieren und sich für jedes Manöver entsprechend zu positionieren. Es benutzt seine Hinterbeine sinnvoll unter sich und wird in der Vorderpartie leichter. Dies ist die traditionelle Art, Gebrauchspferde ins Gebrauchsgleichgewicht zu bringen. Mit dieser Grundhaltung kann ein Pferd die Anforderungen eines Geländepferdes erfüllen und bei regelmäßiger Arbeit gesund alt werden. Es kann aber nicht die Übungen und Manöver ausführen, die in bestimmten Turnierprüfungen gefordert werden oder davon abgeleitet sind. Es kann Schritt, Trab und Galopp, einfache Gangartwechsel, anhalten, rückwärts gehen und sich auf geraden und gebogenen Linien kontrolliert bewegen.

Wechsel zwischen Trab und Galopp in ruhigem, geregeltem Tempo helfen, eine solide Grundkondition ohne Überforderung aufzubauen. Ein häufiger Wechsel zwischen den Gangarten fördert die Körperkoordination, das Gleichgewichtsgefühl und die Elastizität des Pferdes. Dabei achte ich besonders darauf, die Reaktionen auf die Zügel- und Schenkelsignale stetig zu verfeinern.

Pferdes nach links usw. Ich habe dabei stets ausbalanciert auf dem Pferd gesessen, es nicht behindert, irritiert oder belästigt. Es hat sich darauf einstellen können, mein Gewicht zu übernehmen und sich damit neu auszubalancieren, die Tatsache, dass ich es nie in eine unnatürliche Haltung gezwungen habe und nie eine dauerhafte, feste Verbindung mit den Zügeln hergestellt habe, hat ihm geholfen, locker zu werden und sich stets gut ausbalancieren zu können. Die Leichtigkeit der Signale hat es nicht irritiert oder zu verkrampften Bewegungen veranlasst. Mit einigen simplen, aber sinnvollen Übungen können nun Elastizität, Balance, Körperkoordination, also die kontrollierte Beweglichkeit des Pferdes graduell verbessert werden. Als Effekt wird es immer prompter, präziser und mit geringerem Kraftaufwand arbeiten und dabei auch immer bequemer und leichter zu reiten sein.

Galopparbeit auf großen Zirkeln mit präziser Linienführung hilft dem Pferd, seine Balance und sein Tempo auch in dieser Gangart zu finden, zu verbessern und immer ruhiger und gesetzter am losen Zügel zu arbeiten. Wechsel von Zirkel und Geraden verbessert die Reaktionsfähigkeit und Balance des Pferdes.

▶ **Gebrauchsgleichgewicht
oder Versammlung?**

Bisher hat das Pferd gelernt, die
Übergänge zwischen den Gangarten zwar willig und kontrolliert
auszuführen, doch es hat selbst die
Haltung und Form bestimmen
können, in der es den Übergang
ausführte. Es war dabei auch noch
nicht weich zu sitzen, der Reiter
musste den Rücken entlasten, um
die etwas holprige Bewegungsfolge
auszugleichen. Um die Form, in
der es die Gangartwechsel ausführt, zu kultivieren, nutze ich eine
Übung, die sich dafür bewährt hat.
Sie hilft dem Pferd gleichzeitig,
das Gleichgewicht zu verbessern
und das Zusammenspiel der reiterlichen Einwirkungen für spätere
Versammlungsübungen verstehen
zu lernen. Für alle Versammlungsübungen muss das Pferd sein eigenes Körpergewicht vermehrt mit
den Hinterbeinen aufnehmen, sie
dafür weiter unter den Körpermit-
telpunkt setzen und die Körperlast
tragen. Zwei Umstände können es
zu dieser Veränderung seiner Be-
wegungsdynamik veranlassen:

1. Die Eigenmotivation. Sie ist gegeben, wenn das Pferd eine Bewegungsfolge ausführen **will**,
   für die es sich entsprechend
   kurzfristig ausbalanciert.
   Beispiel: Das Pferd kommt in
   schnellem Lauf auf ein Hindernis zu, welches es nicht überwinden will oder kann. Es
   schiebt die Hinterbeine weit
   unter den Körper, um möglichst prompt zum Halt zu
   kommen. Oder es läuft im Paddock am Zaun auf und ab. Kurz
   bevor es den Punkt erreicht, an

dem es wenden will, tritt es mit
den Hinterbeinen weiter unter,
wendet mit untergesetzter
Hinterhand und läuft dann wieder normal weiter. Es versammelt sich auf natürliche Weise
in dem Maße, in dem es das je-
weilige Bewegungsmanöver
notwendig macht.

2. Die Fremdmotivation. Sie ist
   gegeben, wenn der Reiter das
   Pferd vermittels seiner Einwirkungen (Hilfen) **dazu bringt**,
   mehr Last mit den Hinterbeinen aufzunehmen, als es das
   aus eigenem Antrieb in der
   Situation tun würde.
   Beispiel: Der Reiter hat Kontakt
   mit den Zügeln zum Gebiss
   und begrenzt damit die Bewegungsfreiheit des Pferdes nach
   vorn. Mit antreibenden Einwirkungen, Schenkel, Sitz, Gerte
   aktiviert er das Pferd, sich mehr
   zu engagieren, und versetzt es

Die bisherigen
Übungen haben da-
zu geführt das unser
junges Pferd sich
willig und weich den
Schenkel- und Zäu-
mungseinwirkungen
anpasst.
Das ist die Voraus-
setzung dafür, um
an der Form zu ar-
beiten, in der es die
Gangartwechsel aus-
führt. Dabei lernt es
gleichzeitig das Zu-
sammenspiel der
reiterlichen Einwir-
kungen für spätere
Versammlungsübun-
gen zu verstehen.

Für die «Schiffschaukel-Übung» reite ich das Pferd im Schritt, ich nehme Kontakt mit einem Zügel, dann mit dem anderen. Nun gebe sich verstärkenden Druckimpuls mit den Schenkeln. Ich baue mit weicher Verbindung zur Zäumung in dem Maße Druck auf, in dem es nötig ist, das Pferd daran zu hindern, schneller zu werden. Es sollte mehr Druck von den Schenkeln auf das Pferd einwirken als von der Zäumung. Bleibt es zum ersten Mal als Folge dieser «Spannungsübung» stehen, so gebe ich sofort den Druck von Zäumung und Schenkeln auf und lasse es verharren.

In der Folgeübung gebe ich nur kurz nach, wenn das Pferd angehalten hat, baue dann wieder Druck(-impulse) auf, diesmal aber etwas mehr mit der Zäumung als mit den Schenkeln. Das Pferd wird den Ausweg in verschieden Richtungen suchen und sich dann rückwärts bewegen. In diesem Augenblick gebe ich nach. Nun kann ich es aus dem Schritt veranlassen, mit entsprechenden Einwirkungen anzuhalten und zum Rückwärts überzugehen.

in Anspannung. Da es die Anspannung nicht nach vorn «entladen» kann – es wird durch das Gebiss daran gehindert –, tritt es mit den Hinterbeinen weiter unter. Wird es dabei leichter am Gebiss, bleibt im Takt der Gangart gleichmäßig, exakt auf der Bewegungslinie, nimmt vermehrt wiederholt Last mit den Hinterbeinen auf und trägt sich damit, so ist es korrekt versammelt. Kippt es dem Druck des Gebisses nachgebend im Genick ab, drückt vermehrt mit dem Maul auf das Gebiss, schiebt sich mehr nach vorn, nimmt keine vermehrte Last mit den Hinterbeinen auf und verliert den Takt, so ist es nicht korrekt versammelt, sondern verspannt.

Um für Versammlungsübungen optimal vorbereitet zu sein, sollte es lernen, sich zwischen verhaltenden (vorn begrenzenden) Zäumungseinwirkungen und aktivierenden (von hinten animierenden) Reitereinwirkungen unverkrampft zu positionieren und zu engagieren. Außerdem sollte es sich selbst in Erwartung einer entsprechenden Bewegungsfolge ausbalancieren können. Beide Erfah-

Bei den nun folgenden Wiederholungen dieser Übung achte ich mittels Zügel- und Schenkeleinwirkung sorgfältig darauf, dass das Pferd gerade rückwärts geht und exakt so viele Schritte ausführt, wie ich das möchte.

Ohne zu verharren reite ich dann aus dem Rückwärts wieder im Schritt an. Ich wiederhole diese Übung, bis sie immer flüssiger ausgeführt wird und es dafür immer leichterer Signale bedarf.

rungen macht es in der Übung, die ich die Schiffschaukel nenne. Dazu reite ich das Pferd im Schritt, ich nehme Kontakt mit einem Zügel, dann mit dem anderen. Eine weiche, entspannte Nachgiebigkeit im Genick und Hals sollte als Resultat des bisherigen Trainings die Reaktion sein. Dabei sollte es im gleichen Rhythmus weitergehen. Nun lege ich zunächst einen Unterschenkel, dann den zweiten an und gebe sich verstärkende Druckimpulse. Zunächst wird das Pferd schneller werden wollen oder die Schritte verlängern. Ich baue nun mit weicher Verbindung zur Zäumung in dem Maße Druck auf, in dem es nötig ist, das Pferd daran zu hindern, schneller zu werden. Es sollte mehr Druck von den Schenkeln auf das Pferd einwirken als von der Zäumung. Sobald das Pferd langsamer wird und sich etwas zusammenschiebt, baue ich den Druck wieder ab, um gleich wieder von neuem entsprechend einzuwirken. Bleibt das Pferd zum ersten Mal als Folge dieser «Spannungsübung» stehen, so gebe ich sofort den Druck von Zäumung und Schenkeln auf. Nach einiger Wiederholung hat das Pferd eine

Idee, wie es aus der Spannungssituation (Diskomfort) in die Ent-
spannungssituation (Komfort)
kommen kann. Sind wir an dem
Punkt angekommen, so gebe ich
nur kurz nach, wenn das Pferd
angehalten hat, baue dann wieder
Druck(impulse) auf, diesmal aber
etwas mehr mit der Zäumung als
mit den Schenkeln. Das Pferd
wird etwas verunsichert sein und
den Ausweg in verschiedenen
Richtungen suchen. Erst wenn ich
fühle, dass es sich rückwärts

bewegen will, gebe ich nach. Danach reite ich wieder vorwärts
und wiederhole diese Routine, bis
dem Pferd klar ist, dass es sich
durch Rückwärtsgehen Entspannung verschaffen kann. Nun kann
ich es aus dem Schritt mit entsprechenden Einwirkungen zum
Halt und aus dem Halt zum
Rückwärts veranlassen. Ich
wiederhole diese Übung, bis sie
immer flüssiger ausgeführt wird
und es immer leichterer Signale
bedarf, um sie auszuführen. Bald

Nach einiger Zeit führe ich die «Schiffschaukel-Übung» auch aus dem Trab und später
aus dem Galopp aus. So bekomme ich mit
der Zeit eine optimale Kontrolle an leichten
Signalen über das Tempo des Pferdes und
kann es jederzeit ausbalanciert und prompt
anhalten, ohne Zwang ausüben zu müssen.
Es lernt dabei, die richtigen Bewegungsabläufe selbstständig korrekt auszuführen.

Aus dem Galopp wechsle ich dabei immer zuerst kurz zum Trab, und lasse es
einige Trabschritte am losen Zügel laufen. Dann gebe ich wieder die entsprechenden Zügel- und Schenkelimpulse.

kann ich mich darauf beschränken, mit feinen Impulsen das Manöver einzuleiten und auf eine saubere und korrekte Ausführung zu achten. Dabei ist es wichtig, wie bei allen Übungen, dem Pferd nicht zu erlauben, selbst Zeitpunkt, Ort, Tempo, Linienführung oder auch Schrittzahl zu bestimmen.

Bei dieser Übung lernt es, mit seinem Gleichgewicht hauszuhalten und mit Muskeln und Gliedmaßen genau die Bewegungskette zu konditionieren, die für alle Verlangsamungs-, Halte- und Versammlungsübungen Grundlage ist.

Diese Übung kann ich mit der Zeit auch aus dem Trab und später vom Galopp zum Trab und vom Trab zum Halt/Rückwärts ausführen. Das Pferd lernt mit ihr auf eine natürliche Weise, sein Tempo jederzeit zu reduzieren, es in der richtigen Körperhaltung zu tun und dabei stets auf feine Signale zu reagieren.

Es erwartet das Rückwärtsgehen und wird sich tiefer mit der Kruppe absenken und die Hinterbeine weit untersetzen, ohne sich an der Zäumung zu stützen oder gar dagegen zu drücken.

Die Rückwärtsbewegung lehrt es, mit der Hinterhand das Körpergewicht weiterhin zu halten und im Bereich der Schultern leicht zu bleiben. In dieser Phase der Ausbildung sollte man sich immer vor Augen führen, dass das Pferd erst wenige Monate unter dem Sattel geht. Mit dieser Übung soll nur die Mitarbeitsbereitschaft, das Verständnis, die Körperkoordination und die Reflexbildung gefördert werden. Als Folge erlernt es die technisch korrekte Ausführung eines Stops. Selbst wenn ein Pferd das anbieten sollte, es ist nicht ratsam in dieser Phase, das Manöver in Form eines Full-Stops aus dem Galopp auszuführen. Das Pferd würde sehr schnell das Vertrauen verlieren, da es zu diesem Zeitpunkt der Ausbildung damit physisch noch überfordert wäre.

► **Training mit älteren Pferden**

Die zuvor beschriebenen Trainingsschritte sind Grundlage meiner Arbeit mit jungen Pferden. Sie eignen sich aber ebenso, um bei älteren Pferden Fehlverhalten zu korrigieren oder sie einfach nur rittiger zu machen. In Kursen und Seminaren habe ich Hunderte von Pferden kennen gelernt, die sich ihren Reitern gegenüber nur eingeschränkt kooperativ verhielten. Alle Pferde veränderten ihre Einstellung und ihre Bewegungsfähigkeit positiv in dem Maße, in dem ihnen die reiterlichen Forderungen verständlich wurden und die Muskelverkrampfungen gelöst werden konnten. Bei der Korrektur älterer Pferde sollte man jedoch beachten, dass es etwas länger dauert, dauerhaft korrekte Verhaltensmuster zu etablieren, weil sie immer wieder (ohne böse Absicht oder bewusstes Handeln) in gewohnte Verhaltensmuster zurückverfallen. Das gilt besonders dann, wenn die Reiter selbst nicht zuvor korrektiv an sich arbeiten. So kann es sein, dass ein Pferd unter verschiedenen Reitern ein recht unterschiedliches Verhalten zeigt. Ich habe die Erfahrung gemacht, dass ein Pferd nie zu alt für diese Trainingsarbeit ist, solange es gesund ist.

Die drei W's:

Manchmal bittet man mich, meine Trainingsphilosophie möglichst kurz und prägnant zusammenzufassen. Ich antworte dann:

«Die drei W's sind es, die ein gut trainiertes Reitpferd ausmachen:

► *Warten*

Ein Reitpferd soll jederzeit warten (abwarten) können. Es soll, bevor es handelt, auf die Direktiven des Reiters warten, nichts vorwegnehmen.

► *Weichen*

Ein Reitpferd soll einem leichten Druck, dort wo er gegeben wird, jederzeit weichen oder nachgeben. Es soll in Bezug auf Körperhaltung, Richtung und Tempo stets dem Kontaktdruck nachgeben.

► *Willigkeit*

Ein Reitpferd sollte so ausgebildet werden, dass es allen Anforderungen, denen es ausgesetzt wird, zwanglos und willig entspricht. Jedermann kann ein Pferd mit Zwangsmitteln zeitweilig gefügig machen. Es ist ein Zeichen guter Horsemanship, ein Pferd zu dominieren, ohne dass es Anzeichen von Angst, Widerstand oder Unwillen zeigt.»

▶ **Praktische Tipps alter Meister**

«Leicht kann der Hirt eine Herde Schafe vor sich hintreiben; der Stier zieht seinen Pflug ohne Widerstand; aber dem edlen Pferde, das du reiten willst, musst du seine Gedanken ablernen, du musst nichts Unkluges, nichts unklug von ihm verlangen.»

(Goethe)

Arnold «Chief» Rojas schreibt in «Vaqueros und Buckaroos»:

«Natürlich wird ein Reiter schneller die Meisterschaft über ein Pferd erlangen als ein anderer, aber alle müssen sie zuvor selbst lernen. Jeder, der Pferde reiten will, muss sich zunächst das Verständnis für die Pferde aneignen, bevor er sie meistern kann. Um ein «Reinsman» zu sein, muss ein Mann die Fähigkeit besitzen, dem Pferd seine Wünsche und seinen Willen zu übermitteln. Es ist wahr, dass diese alten Vaqueros ihre Pferde für eine so lange Zeit ritten, dass die lernten, jede kleine Bewegung ihres Reiters zu verstehen. Als Resultat setzten sie die Wünsche ihres Reiters um, ohne dass der die Zügel noch benutzen musste.»

Stefan von Madáy schreibt in seinem Werk «Psychologie des Pferdes und der Dressur», erschienen 1912:

«Die Dressur endet ebensogut wie die Erziehung damit, dass das Pferd Gewohnheiten annimmt, deren Sklave es nun bleibt. Das Pferd war von jeher ein Gewohnheitstier; die ganze Behandlung (Anm.: der Ausbildung) verfolgte bloß den Zweck, seine Reflexe und Instinkte abzuändern, und ihm an Stelle seiner alten Gewohnheiten neue anzulernen, aus denen der Mensch einen Nutzen ziehen könne. So ist das Pferd aus der einen Sklaverei in die andere gekommen.

Die meisten Ausbilder sind froh, dass sie es soweit gebracht haben; sie haben sich einen Sklaven erzogen, der treuer ist und sicherer seine Arbeit leistet, als jeder menschliche Sklave. Es gibt aber Pferdebesitzer, die einen willenlosen Sklaven nicht brauchen können. Haben sie sich einmal seiner Treue versichert, so beginnen sie mit einer **neuen Erziehungsarbeit:** Sie geben dem Pferd wieder seine Selbständigkeit, damit es auch seine höheren seelischen Kräfte freiwillig in den Dienst seines Herrn stellen könne. Diese Nach-Dressur oder Gegen-Dressur, die von Krane (Fr. von Krane, Anleitung zur Ausbildung der Kavallerieremonten, ersch. 1870) «Entwöhnung» genannt wird, entspricht vollkommen jener letzten Stufe der menschlichen Erziehung, die auf die Befreiung des Zöglings von der väterlichen oder Lehrer-Autorität hinzielt.»

Er zitiert den Obersten v. Krane mit folgenden Worten:

«Die Angewöhnungen erhalten durch die militärisch geordnete Form Nahrung und sind zum Teil nicht zu vermeiden. Das Kleben an anderen Pferden und das Gehen aus Gewohnheit und ohne Hilfen sind, dieses für die Dressur und jenes für den praktischen Gebrauch, sehr störend. Man kann nicht früh genug dagegen einwirken. Man muss jede Weise hervorsuchen, die Reihenfolge der Lektionen zu ändern, ungleiche Bewegungen von den verschiedenen

Pferden gleichzeitig machen zu lassen usw. Namentlich muss man durch Reiten in aufgelöster Ordnung und durch Einzelreiten, sobald die Pferde dem Zügel und Schenkel folgen, dem Kleben entgegenarbeiten. ... Freireiten ist das Wiedergewinnen der bedingten Selbständigkeit des Pferdes. Es ist die Ausbildung des Pferdes ... zu selbst gewählter Aktion behufs Überwindens von Hindernissen. ... Man hat bisher (Anm.: während der Grundausbildung) andauernd auf den Gehorsam des Pferdes eingewirkt und demselben von Moment zu Moment Haltung und Fußsetzung, Gangart und Tempo vorgezeichnet. Man hat jeden Tritt überwacht und es unausgesetzt auf das strengste bevormundet. Das Pferd hat dadurch seine Selbständigkeit derart verloren, dass es für jede Tätigkeit die Anleitung und die Einwirkung des Reiters erwartet. Die Schulreiter werden sich derartiger unselbständiger Wesen bedienen können. ... Die Kampagnereiter sind in einer anderen Lage. Bei dem wechselnden Terrain, das sie durcheilen müssen, bei einer Tätigkeit des Reiters, welche vielfach von der Beschäftigung mit dem Pferd abzieht, bei Situationen, welche Einwirkungen des Reiters unmöglich machen, tritt häufig die Notwendigkeit hervor, die Selbständigkeit des Pferdes, die Klugheit, die Energie und selbst die Anhänglichkeit desselben an die Person des Reiters in Anspruch zu nehmen.

... Das Soldatenpferd darf somit nicht tote Maschine sein.

Es muss bei aller Achtsamkeit auf die Hilfen und bei vollem Gehorsam vor denselben doch zu einer gewissen Selbständigkeit erzogen werden. Lassen wir ein Tier frei, das uns noch nicht als seinen Herrn kennen lernte, wollen wir den Meister spielen, ehe wir die Mittel gewonnen haben, unseren Willen durchzuführen, so machen wir das Tier eigenwillig. Haben wir es unterworfen und geben es nicht wieder frei, dass es nach seiner Art unseren Willen erfüllen kann, fahren wir fort, ihm im Dienstgebrauch, wie wir es beim Zureiten taten, Tritt vor Tritt vorzuschreiben, dann müssen wir ihm stets nicht nur unseren Willen, sondern auch die Art zeigen, wie es demselben nahe kommen soll. Es bleibt ewig unmündig. ...

Wollen wir es mündig machen, so müssen wir ihm Freiheit und Erfahrung geben.» von Krane

Ich habe diese Texte an das Ende dieses Buches gestellt, um aufzuzeigen, wie sehr sich das Gedankengut und die praktischen Erfahrungen von guten Pferdeleuten aus unterschiedlichen Epochen und Kulturkreisen in ihren Grundlagen doch ähnlich sind.

Es ist heute populär, von unterschiedlichen Reitweisen zu sprechen. Ja, viele gehen noch weiter und stellen fest, dass Methode und Techniken, Einwirkungen und Reaktionen total verschieden, ja widersprüchlich sein müssen, wenn unterschiedliche Reitweisen praktiziert werden. Dabei übersieht man aber, dass ein Pferd ein Pferd bleibt. Und die Grundlagen der Erziehung und Ausbildung zum

Reitpferd müssen zunächst den gleichen Prinzipien folgen, will man den Bedürfnissen des Pferdes gerecht werden. Vor dem praktischen Verwendungshintergrund wird dann eine spezialisierte Weiterschulung sinnvoll. So wie man früher in Europa zwischen Kampagnereiterei (Gebrauchsreiterei beim Militär), Schulreiterei oder «Hoher Schule» unterschied, so mag man heute zwischen Gelände-, Dressur-, Western- oder Iberischer Reitweise unterscheiden. Doch die Grundlagen für eine pferdegerechte Grundausbildung orientieren sich an den natürlichen Voraussetzungen, die Pferde mitbringen, bevor sie lernen, sich wie Reitpferde zu verhalten.

Ich habe aus meiner Sicht der Dinge und aus meiner praktischen Erfahrung heraus in diesem Buch Wege aufgezeigt, diesem Ziel zuzuarbeiten. Dabei habe ich die Grundausbildung zum Reitpferd in den Vordergrund meiner Überlegungen und Anleitung gestellt. Wenn Sie so wollen, habe ich aufgezeigt, welche Bedürfnisse des Pferdes im Zuge der Ausbildung berücksichtigt werden sollten, damit sie erfolgversprechend

durchgeführt werden kann. Nicht tiefer eingegangen bin ich auf die Reittechnik, also darauf, wie Sie Ihre Einwirkungen in Form von Hilfen technisch korrekt und funktional auf das Pferd übertragen, welche Fehler dabei häufig unterlaufen und wie diese durch Selbstkorrektur vermieden werden können. Im folgenden Werk, wieder Video und Buch aufeinander abgestimmt, werde ich Ihnen diese Thematik näherbringen und weiterführende Lektionen detailliert aufzeigen, mit denen Sie Ihr Pferd in seinen Fertigkeiten vollkommener machen.

Ich möchte dieses Buch mit den Worten von Arnold «Chief» Rojas beschließen:

«Ein Lehrer kann seinem Schüler zeigen, wie die Zügel zu halten sind, wie er im Sattel sitzen sollte, wie er den Zügel an den Hals des Pferdes zu legen hat, damit das Tier eine Wendung ausführt; aber er wird nicht in der Lage sein, ihn zu lehren, wie er mit dem Pferd kommunizieren kann. Das hat der Schüler selbst zu erlernen, eine Beziehung (Seelenverwandtschaft) mit dem Pferd kann nicht gelehrt werden!»

Service

Nützliche Adressen

Western- und Freizeitreiterverbände

Austrian Reining Horse
Association
Hauptstr. 40
A – 2392 Sulz
Tel. 02238-8484
Fax 02238-8545

Austrian Western Association
(AWA)
Hauptstr. 40
A – 2392 Sulz
Tel. 02238-8484
Fax 02238-8545

Erste Westernreiter Union
Deutschland e.V. (EWU)
Dorfstr. 5
56305 Niederähren
Tel. 02684-979098
Fax 02684-979173

National Reining Horse Associa-
tion Germany e.V. (NRHA)
Amtsgarten 3
63916 Amorbach
Tel. 09373-7100
Fax 09373-7190
e-mail: nrha-germany@t-online.de
Internet: http://www.nrha.de

Deutsche Quarter Horse
Association (DQHA)
Landstr. 7
63939 Wörth a.M.
Tel. 09372-5031
Fax 09372-5033
e-mail: info@dqha.de
Internet: www.dqha.de

Paint Horse Club Germany
Hofgut Ramstein
78736 Epfendorf-Harthausen
Tel. 07031-224345
Internet: www.phcg.de

Appaloosa Club Germany
Mißstedt 1
84437 Reichertsheim
Tel. 08073-384536
Fax 08073-384535
Internet: www.aphcg.de

Vereinigung der Freizeitreiter in
Deutschland e.V. (VFD)
Am Bauernwald 5b
81739 München
Tel. 0171-4201521
Fax 089-60608123
e-mail: bundesvorstand@vfdnet.de
Internet: www.vfdnet.de

Deutsche Reiterliche Vereinigung
(FN)
Freiherr-von-Langen-Str. 13
48231 Warendorf
Tel. 02581-63620
Fax 02581-62144
e-mail: fn@fn-dokr.de
Internet: www.pferd-aktuell.de

Peter Kreinberg
Goting Cliff
Horsemanship Training für Pferd
und Reiter
Birkenweg 37
38559 Wagenhoff
Tel. 05376-7633
Fax 05376-80 32
e-mail: Goting.Cliff@t-online.de

Bundesfachverband für Reiten und
Fahren in Österreich (BFV)
Geiselbergstr. 26-35/512
A – 110 Wien
Tel. 01-7499261
Fax 01-7499261/91 oder 90
e-mail: office@fena.at
Internet: www.fena.at

FS Reit-Zentrum Reken
Frankenstr. 37
48734 Reken
Tel. 02864-2434
Fax 02864-5860
e-mail: fs.reitzentrum@t-online.de
Internet: www.fs-reitzentrum.de

Kosmos Kompetenz
Seminare für Reiter und
Pferdehalter
Postfach 10 60 11
70049 Stuttgart
Tel. 0711-21 91 270
Fax 0711-21 91 350

e-mail: Kosmos-kompetenz@
kosmos.de
Internet: www.kosmos.de

Schweizerischer Verband
für Pferdesport (SVPS)
Papiermühlestr. 40 H
Postfach 726
CH – 3000 Bern 22
Tel. 031-335 43 43
Fax 031-335 43 58
e-mail: info@svps-fsse.ch
Internet: www.svp.fsse.ch

TTEAM Deutschland
Bibi Degn
Hassel 4
57589 Pracht
Tel. 02682-88 86
Fax 02682-66 83
e-mail: bibi@TTEAM.de

TTEAM Österreich
Ruth & Martin Lasser
Anningerstr. 18
A – 2353 Guntramsdorf
Tel. 02236-47 000
Fax 02236-47 070
e-mail: tteam.office@aon.at

TTEAM Schweiz
Doris Süess-Schröttle
Mascot Ausbildungszentrum AG
CH – 8566 Neuwilen
Tel. 071-69 91 825
Fax 071-69 91 827
e-mail: learn@mascot-
ausbildung.ch

Zum Weiterlesen

BENDER, INGOLF: Praxishandbuch Pferdefütterung; situations- und leistungsgerecht füttern, individuelle Rationen zusammenstellen, Kondition nachhaltig verbessern, Stuttgart 2000

BENDER, INGOLF: Praxishandbuch Pferdehaltung; Haltungsanlagen optimal geplant, Auslauf-, Stall- und Weidepraxis, Stuttgart 1999

ETTL, RENATE: Pferdewissen aus dem Wilden Westen, Stuttgart 1996

HOLTAPPEL, ANTJE: Go West – Westernreiten, Stuttgart 1995

HOLTAPPEL, ANTJE: Die beste Zäumung für mein Pferd; Trensen, Stangen, gebisslose Zäumungen, Stuttgart 1997

KRÄMER, MONIKA: Pferde erfolgreich motivieren; Das 8-Punkte-Programm, Stuttgart 1998

MAYHEW, BOB / BIRDSALL, JOHN: Die Kunst des Westernreitens, Stuttgart 1999

PENQUITT, CLAUS: Die neue Freizeitreiter-Akademie, Stuttgart 2001

PENQUITT, NATHALIE: Erste Schritte unter dem Sattel; Junge Pferde selber ausbilden, Stuttgart 1999

RASHID, MARK: Der auf die Pferde hört; Erfahrungen eines Horseman aus Colorado, Stuttgart 1999

SCHMID-NEUHAUS, ANGELIKA: Das große Fitnessprogramm für Pferde; Die drei Elemente zum Erfolg: Massage, gelöstes Reiten, Sattelcheck, Stuttgart 2000

SCHWAIGER, SUSANNE E.: Der Weg mit Pferden – Ein Weg zu mir; Das Pferd als Persönlichkeitstrainer, Stuttgart 2000

SCHWAIGER, SUSANNE E.: Persönlichkeitstraining mit Pferden; Das Praxisbuch, Stuttgart 2001

TIETJE, UTE: Kosmos-Lexikon Westernreiten, Stuttgart 2000

WIENRICH, KAY / ETTL, RENATE: Profi-Tips Westernreiten – Reining, Stuttgart 1997

Bildnachweis

Alle 133 Farbfotos sind von Edith Schreiber-Kreinberg, Wagenhoff

Kosmos-InfoLine

Peter Kreinberg ist einer der erfahrensten Westernreiter Deutschlands, Mitbegründer des «Western Horsemanship Magazins» sowie erfolgreicher Züchter von Quarter Horses und Arabern. Neben seiner Turnierkarriere hat er bis heute mehr als 1.500 Jungpferde ausgebildet.

Sie können sich mit Ihren Fragen und Problemen an Peter Kreinberg wenden.

Schreiben Sie an:
Kosmos-InfoLine Horsemanship Training
Kosmos Verlag
Postfach 10 60 11
70049 Stuttgart

Impressum

Umschlaggestaltung von Friedhelm Steinen-Broo, eStudio Calamar; alle Titelfotos von Edith Schreiber-Kreinberg, Wagenhoff.

Die Deutsche Bibliothek – CIP-Einheitsaufnahme

Ein Titelsatz für diese Publikation ist bei der Deutschen Bibliothek erhältlich

Deutsche Vereinigung zum Schutz des Pferdes e.V.
Wienkamp 11 rechts
46354 Südlohn

© 2001, Franckh-Kosmos Verlags-GmbH & Co., Stuttgart
Alle Rechte vorbehalten
ISBN 3-440-08460-4
Redaktion: Katja Metzler
Grundlayout: Friedhelm Steinen-Broo, eSTUDIO CALAMAR
Produktion: Kirsten Raue, Markus Schärtlein
Satz: Satzpunkt Bayreuth GmbH
Printed in Czech Republic / Imprimé en République Tchèque
Druck und Buchbinder: Tesinska Tiskarna a.s., Cesky Tesin

Bücher · Kalender · Spiele · Experimentierkästen · CDs · Videos · Seminare
Natur · Garten & Zimmerpflanzen · Heimtiere · Pferde & Reiten · Astronomie · Angeln & Jagd · Eisenbahn & Nutzfahrzeuge · Kinder & Jugend

Informationen senden wir Ihnen gerne zu

KOSMOS Postfach 10 60 11
D-70049 Stuttgart
TELEFON +49 (0)711-2191-0
FAX +49 (0)711-2191-422
WEB www.kosmos.de
E-MAIL info@kosmos.de

Register

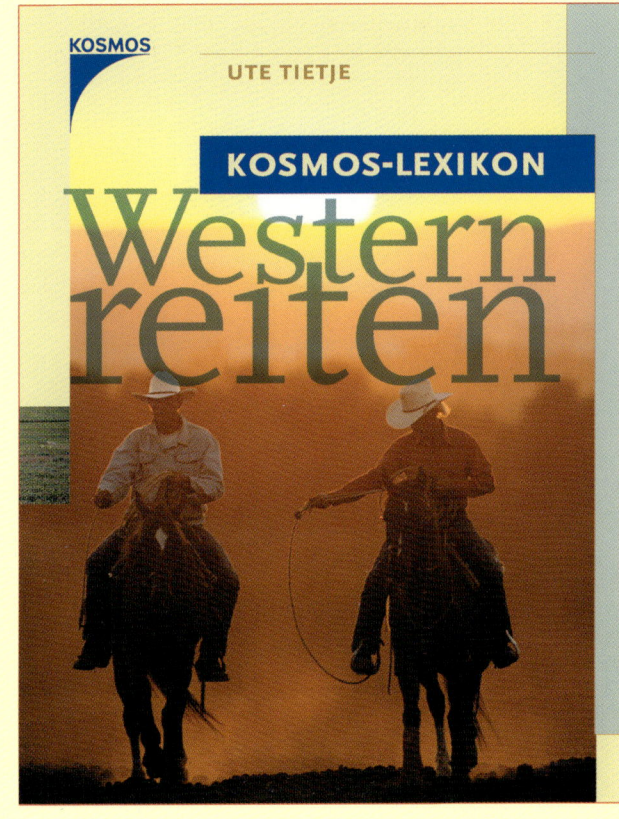